I0762546

world of ERIC CARLE
DK

La oruga muy hambrienta

MI PRIMERA ENCICLOPEDIA DEL OCÉANO

La oruga muy hambrienta

MI PRIMERA ENCICLOPEDIA DEL OCÉANO

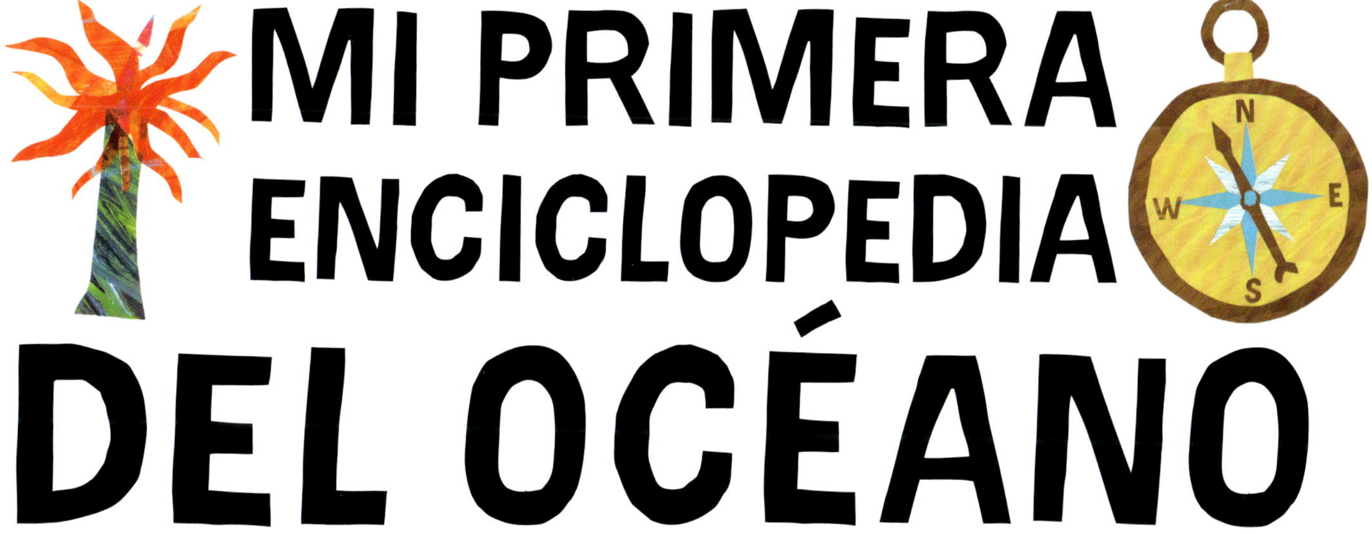

Contenidos

Introducción a los océanos

Vida oceánica

Hábitats oceánicos

Penguin Random House

Autora Andrea Mills
Edición Rona Skene
Diseño Bettina Myklebust Stovne
Diseño adicional Hannah Moore, Lucy Sims
Edición adicional Kathleen Teece
Asesoramiento Cathriona Hickey, Jonathan Dale

Edición ejecutiva Jonathan Melmoth
Edición ejecutiva de arte Diane Peyton Jones
Edición de producción sénior Nikoleta Parasaki
Control de producción Ben Radley
Dirección editorial Sarah Larter
Dirección de arte Mabel Chan

De la edición en español
Traducción Mariona Barrera Aguilera
Corrección Manuel Barroso López
Composición y maquetación Miguel Á. Mazón
Coordinación editorial Marina Alcione
Dirección editorial Elsa Vicente

Publicado originalmente en Gran Bretaña en 2024 per Dorling Kindersley Limited DK, One Embassy Gardens, 8 Viaduct Gardens, Londres SW117BW

Título original: *The Very Hungry Caterpillar's Very First Ocean Encyclopedia*

Nuestra relación con los océanos

Océanos increíbles

ISBN: 979-8-2171-3587-5

Este libro se ha impreso con papel certificado por el Forest Stewardship Council™ como parte del compromiso de DK por un futuro sostenible.

Para más información, visitar
www.dk.com/our-green-plege

Impreso y encuadernado en China

www.dkespañol.com

Introducción a los océanos

En la Luna no existen océanos, a pesar de que sus cráteres se denominan «mares».

Los primeros océanos

La historia de los océanos se remonta a hace cuatro mil millones de años. El primer Universo contenía dos gases: hidrógeno y oxígeno. Al mezclarse en la Tierra, estos gases se convirtieron en agua.

Nuestro lugar en el espacio

Aunque en otros planetas y lunas de nuestro Sistema Solar hay agua, la mayoría está helada, escondida a grandes profundidades o forma parte de la atmósfera en forma de vapor. La Tierra es el único planeta que tiene una superficie donde resplandecen lagos, ríos, mares y océanos; ¡y vida!

¿Qué es un océano?

¡Los océanos de la Tierra son tremendamente grandes! Pero ¿qué son esas masas de agua y de dónde salen? Vamos a investigarlo.

El 97 % del total de agua de la Tierra se reparte entre los océanos y los mares.

Océanos y mares

Los cinco océanos son las mayores masas de agua de la Tierra. Los mares son más pequeños y existen muchos más. Suelen estar rodeados, en parte, de tierra. Unos cuantos son interiores, lo que significa que están rodeados de tierra por todas partes.

Mar Mediterráneo

La vida en la Tierra

El agua es el ingrediente esencial que generó la vida en nuestro planeta. Primero, aparecieron en el océano unas minúsculas formas de vida. Poco a poco se fueron convirtiendo en diferentes criaturas, y algunas de ellas salieron para vivir en la tierra. Sin agua, toda la vida, incluyendo la humana, se acabaría rápidamente.

Los amonites eran una especie de moluscos que vivían en nuestros océanos hace millones de años.

Una pizca de sal

El agua de nuestros océanos es salada. La sal emerge de unas grietas submarinas de la Tierra llamadas fuentes hidrotermales. También surge de entre las rocas y la tierra. La sal se va acumulando, creando así océanos y mares salados.

Agua dulce y salada

La mayor parte del agua de nuestro planeta es salada, pero nuestros ríos, lagos y glaciares también nos proporcionan agua dulce: ¡el ingrediente esencial que la gente necesita para sobrevivir!

Ríos

Los ríos nacen en las montañas antes de desembocar en el mar. Contienen agua dulce, pero al acercarse al mar esta se va volviendo salada. El agua de los ríos produce oxígeno, con lo que son un hábitat ideal para muchas especies de insectos y peces.

Glaciares

La mayor parte del agua dulce de la Tierra se concentra en los glaciares: bloques gigantes de hielo y grandes cúmulos de nieve. Se forman en lo alto de las montañas y van descendiendo poco a poco. Cuando un glaciar se mueve, arrastra la tierra que tiene por debajo, creándose así un valle.

Salmón rojo

Animales adaptables

Solo algunos animales pueden sobrevivir en agua dulce y salada. Los salmones nacen en las aguas dulces de los ríos antes de sumergirse en el mar. El cocodrilo de agua salada caza a sus presas en ríos sinuosos o en zonas poco profundas del mar.

Agua: elemento esencial

Los seres humanos necesitan beber agua dulce para sobrevivir, porque nuestro cuerpo no puede procesar el agua salada. Solo un poco más del 1 % del agua del mundo es potable de forma natural. El agua salada se puede tratar para eliminarle la sal y convertirla en agua potable.

Lagos de agua dulce

Los lagos son como grandes piscinas de agua, completamente rodeados de tierra y alimentados de ríos o torrentes que desembocan en ellos. Los lagos son un hábitat para las plantas y los animales que prefieren aguas más tranquilas que las corrientes rápidas.

Más salado que el mar

No todos los lagos son de agua dulce. A pesar de su nombre, el mar Muerto es un lago, y es ¡diez veces más salado que el océano! Contiene tanta sal que una persona flota sin ni siquiera intentarlo.

Cocodrilo de agua salada

En la Tierra existen unos 165 ríos importantes, 200 000 glaciares y 117 millones de lagos.

¿Por qué el océano es azul?

La luz del sol nos llega en forma de onda, que está formada por muchas otras ondas de varias longitudes y colores. Cuando la luz solar choca contra el océano, el agua absorbe las longitudes de onda más largas. Las más cortas son de color azul. Estas ondas se reflejan en nuestros ojos, haciendo que la superficie parezca azul.

Planeta azul

Desde el espacio, la Tierra parece una enorme canica azul. Se suele denominar «planeta azul» porque el 70 % de su superficie está cubierta de agua.

¡La Tierra tiene tanta agua como para llegar a llenar 550 billones de piscinas olímpicas!

Mapa de los océanos

La Tierra está formada por siete continentes rodeados por los océanos Pacífico, Atlántico, Índico, Austral y Ártico. Unidos a ellos existen más de 50 mares de menor tamaño.

La vida oceánica

En el océano podemos encontrar, como mínimo, 225 000 formas de vida distintas, entre ellas peces, mamíferos y plantas. Las plantas submarinas crean dos tercios del oxígeno que respiramos.

Océano Pacífico

¡Bienvenidos al país de las maravillas marinas más grande del mundo! El Pacífico, de lejos el océano más grande de todos, contiene más agua que el resto de los océanos y todos los mares del mundo juntos.

Océano gigantesco

El Pacífico se extiende desde Asia hasta Oceanía, por el este, y hasta las Américas, por el oeste. Además de cubrir una tercera parte del planeta, contiene más de la mitad del agua de nuestros océanos.

Fernando de Magallanes, un explorador portugués, fue el que bautizó el océano Pacífico.

Bajos fondos

Se trata del océano más profundo: si tiráramos una piedra en la parte más profunda, tardaría una hora en llegar hasta el fondo.

Muchas islas

En el océano Pacífico existen unas 25 000 islas. El Pacífico ocupa una parte tan extensa del territorio del mundo que sus islas tienen paisajes y hábitats muy distintos.

Cinturón de fuego

La mayoría de los terremotos y de las erupciones volcánicas del mundo suceden en las islas y las costas que rodean el Pacífico. Se trata de un área explosiva conocida como «Cinturón de fuego».

Isla de Pascua

Lo más famoso de esta isla son unas enormes cabezas de piedra llamadas «moais». Las excavaron antiguos polinesios al instalarse en ese territorio.

Iguana marina

Islas Galápagos

Las 21 islas volcánicas de las Galápagos se encuentran en una parte remota del Pacífico. Allí viven iguanas marinas, las únicas lagartijas que se alimentan siempre bajo el agua.

¡Descubre la vida salvaje!

En el Pacífico viven una increíble variedad de animales. Desde ballenas, tortugas, bacalaos y sardinas que nadan por sus aguas hasta frailecillos, águilas y pelícanos que planean sobre sus olas; ¡en este océano hay mucha vida!

Pelícano pardo

Tortuga marina

Pez espada

Océano Atlántico

El Atlántico es el segundo océano más grande del planeta, si hablamos de tamaño. Ocupa una quinta parte de la superficie de la Tierra y se une con los otros cuatro océanos.

Ríos

El Atlántico separa América del Norte y del Sur de Europa y África. El majestuoso río Amazonas desemboca en el Atlántico, en la costa este de América del Sur.

Comercio marítimo

Bajo el océano existen reservas de combustibles fósiles: petróleo, carbón y gas natural, que se queman para generar energía. Cruzando el océano, podemos ver enormes cargueros que llevan mercaderías de un continente a otro.

La palabra «atlántico» proviene de Atlas, un dios mitológico griego superfuerte.

Islas inmensas

En el extremo más al norte del océano Atlántico, rozando el polo del planeta, nos encontramos con Groenlandia. Se trata de la mayor isla del mundo y durante todo el año está cubierta de inmensos glaciares y capas de hielo.

Consejos de baño

Si quieres nadar en el Atlántico, lo mejor es quedarse en la parte central, ya que el clima es tropical y el agua está más caliente. Cuanto más al norte o al sur vayas, ¡más helada encontrarás el agua!

¡Descubre la vida salvaje!

Como el océano Atlántico tiene aguas más frías y aguas más templadas, es un hábitat perfecto para numerosas especies marinas y aves, incluyendo langostas, atunes gigantes, delfines, frailecillos y estrellas de mar.

Delfín

Frailecillo

Atún gigante

Océano Índico

Y el Óscar a las aguas más cálidas del mundo es para… ¡el océano Índico! El tercer océano más grande del planeta se extiende entre África y Australia. La mayor parte de su línea costera está formada por playas de arena fina con palmeras.

Super-Suez

El canal de Suez conecta el mar Mediterráneo con el océano Índico. Es un atajo útil para las embarcaciones que navegan entre Europa y Asia: antes de su inauguración, en 1869, ¡los barcos tenían que dar toda la vuelta a África por el sur!

Olas imponentes

Los seísmos o erupciones volcánicas subterráneos pueden provocar una potente ola gigante llamada «tsunami». Cuando esta imponente pared de agua choca contra la orilla, barre todo lo que se encuentra a su paso.

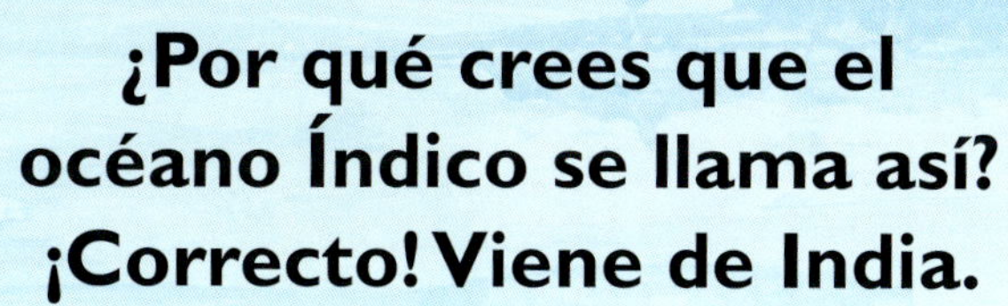

¿Por qué crees que el océano Índico se llama así? ¡Correcto! Viene de India.

Islas tropicales

En el océano Índico residen gran parte de las islas más bonitas del mundo, incluyendo las Maldivas, las Seychelles y las Mauricio. Muchos turistas las visitan para nadar entre sus aguas llenas de color.

Aguas transparentes

El océano Índico contiene el 20 % del agua de la superficie de la Tierra y sus aguas se cuentan entre las más transparentes del mundo. Por eso, son un paraíso para nadar, practicar *snorkel* y submarinismo.

¡Descubre la vida salvaje!

Las aguas cálidas del océano Índico rebosan de vida marina: bancos de pececitos multicolor, focas, dugones, tiburones y medusas.

Dugón

Tiburón de arrecife

Medusa luminiscente

Océano Austral

Las aguas heladas del océano Austral rodean el continente helado de la Antártida. Es el segundo océano más pequeño del planeta: solo ocupa el 6 % de la superficie de la Tierra.

Alta mar

Este océano se ve azotado por rachas de viento terriblemente fuertes, lo que crea unos mares picados con olas gigantes. Cruzarlo puede ser peligroso y las tripulaciones de los barcos deben tener aún más cuidado.

Pingüinos de Adelia

Estaciones científicas

La Antártida es el único continente donde no vive nadie de forma permanente. Es demasiado remoto y frío como para establecerse allí. Sin embargo, existen varias estaciones científicas que sirven como base de estudio para numerosos científicos de varios países.

Hasta 1999 el océano Austral se llamaba océano Antártico.

Congelador

La mayoría de los icebergs del planeta se encuentran en el océano Austral, y estos van desde minúsculas porciones de hielo hasta bloques gigantes de centenares de metros de ancho. Por eso, a través de este territorio navegan rompehielos que rompen los icebergs más grandes y así permiten que otros barcos puedan pasar con seguridad.

¡Descubre la vida salvaje!

A pesar de sus duras condiciones, en el océano Austral podemos encontrar mucha vida salvaje. Además de ballenas azules, calamares gigantes y elefantes marinos, viven todo tipo de aves marinas, como albatros y pingüinos.

Foca elefante

Albatros

Ballena azul

Océano Ártico

El océano más pequeño, más frío y menos profundo del planeta está ¡en la cima del mundo! El gélido océano Ártico cubre menos del 3 % de la superficie de la Tierra.

Pole position

En el Polo Norte, las aguas siempre están congeladas. La primera persona conocida que llegó por primera vez fue el noruego Roald Amundsen, que sobrevoló ese territorio con una aeronave en 1926. Sin embargo, es muy probable que los habitantes locales llegaran ¡mucho antes!

Bandera noruega en el Polo Norte

Clima helado

Los cielos del Ártico suelen estar nublados y los vientos fuertes son los dueños del lugar. Durante los largos inviernos, el océano está cubierto por una capa densa de hielo. En primavera, cuando los extremos empiezan a derretirse, por el océano flotan enormes bloques de hielo.

Auroras boreales

En una noche clara, a veces el cielo sobre el océano Ártico se ilumina con unas luces naturales espectaculares llamadas auroras boreales. Estos increíbles colores son consecuencia de que los vientos del Sol chocan contra los campos magnéticos de la atmósfera de la Tierra.

Golondrina ártica

El nombre de océano Ártico proviene de la palabra del griego antiguo *arktos*, que significa «oso».

Morsa

¡Descubre la vida salvaje!

En el océano Ártico residen varios mamíferos, aves y peces a los que no les da miedo el frío. Algunos de los mamíferos más grandes tienen una capa extra de grasa y pelo impermeable, gracias a la que se mantienen calentitos y secos.

Oso polar

Liopsetta glacialis

Zorro ártico

La cresta de la ola

Seguro que si te paseas por la orilla de la playa habrás jugado con las olas. Pueden ser pequeñas, que parece como si besaran la arena, o gigantes, que impactan contra la costa.

Jugar con las olas

Si te lo pasas superbién salpicándote con las olas, no eres el único. A los delfines también les encanta jugar con ellas. Podemos distinguir a estas criaturas juguetonas saltando y dando volteretas, como si hicieran surf.

1 En alta mar, las olas viajan en un movimiento circular repetitivo.

2 Cerca de la costa, la parte inferior de una ola choca contra el fondo del océano.

¡La respuesta está en el viento!

Las olas las forman los vientos. Cuando el viento sopla sobre el océano, crea una especie de arrugas en su superficie que llamamos olas. Su tamaño y forma dependerán de la velocidad, la fuerza y la dirección del viento.

Mar plano

La brisa marina crea unas pequeñas arrugas en la superficie, como si fuera una sábana arrugada.

4 El agua de la parte superior de la ola se dispersa y ralentiza.

5 La ola se riza sobre sí misma y se convierte en una ola que rompe.

3 Este impacto cambia el movimiento circular de las olas, que se estira hacia arriba.

Los surfistas pueden surfear olas de hasta 24 m: ¡atención, es la altura de cuatro jirafas!

Mar picado

Cuando el viento se mueve a ráfagas, el mar plano se convierte en unas olas más altas.

Oleaje

Y si el viento se embravece más, este mar picado se convierte en oleaje, con olas más altas y violentas.

Cambios de mareas

A veces la línea de la costa cambia totalmente de tamaño. Y es así porque la marea baja, dejando al descubierto una enorme playa, o sube, convirtiéndola en una fina franja de arena. Tenemos que mirar al cielo para entender el porqué.

Fuerza de atracción

La Luna crea las mareas al girar alrededor de la Tierra. La fuerza de la gravedad de la Luna atrae a la Tierra. Cuando la gravedad es fuerte, los niveles del agua suben y crean mareas altas. Cuando esta fuerza de la gravedad afloja, los niveles del agua bajan, provocando mareas bajas.

Marea alta

Si de repente te parece que el mar se está tragando la playa, quiere decir que la marea está subiendo. Los niveles de agua suben y las olas van cubriendo cada vez más la arena. Este movimiento, en su momento más álgido, se llama marea alta.

Mundo acuoso

Durante la marea alta, los peces pueden llegar hasta rocas sumergidas para cazar gambas o peces más pequeños. Los caracoles y las lapas se pasean rozando las algas, y los percebes cazan el plancton del agua.

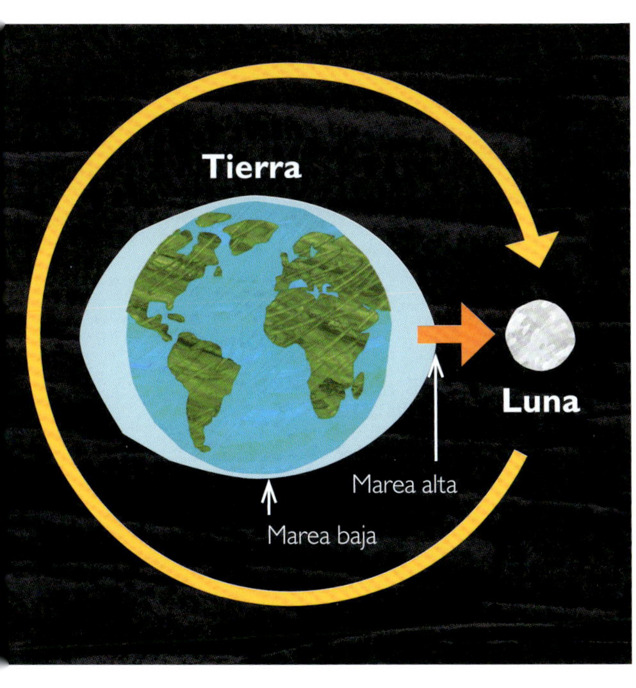

Vaivén

Los niveles del agua de océanos y mares no paran de subir y bajar. Cada día, la mayor parte de la línea de la costa tiene dos mareas altas, cuando el océano alcanza su nivel más alto, y dos mareas bajas, cuando llega al más bajo.

La bahía de Fundy, entre el Canadá y los Estados Unidos, tiene las mareas más altas del mundo.

Marea baja

Si la playa de arena fina o de piedras se ensancha, la marea se está retirando. Los niveles de agua descienden y las olas se retiran de la playa. En el punto más bajo, se llama marea baja.

Tesoros ocultos

Cuando la marea está baja, las playas revelan un mundo escondido. Cuando las olas se retiran, dejan detrás conchas y algas en la costa, así como pequeños charcos de agua entre las rocas que están llenos de cangrejos, pececitos y esponjas.

Ciclo del agua

El agua del mundo siempre está en movimiento. Este ciclo interminable consigue que nuestras reservas de agua viajen entre el océano, el cielo y la tierra.

Estados cambiantes

La cantidad de agua de la Tierra nunca cambia. Pero pasa constantemente por tres estados, dependiendo de su temperatura.

Cuando se calienta, el agua se convierte en vapor (vapor de agua).

A temperatura ambiente, el agua es líquida, como la de la lluvia o la de un estanque.

A temperaturas frías, el agua se congela, se vuelve sólida, en forma de nieve y hielo.

La luz solar calienta el agua de lagos, ríos, mares y océanos.

1. Se eleva

El Sol calienta el agua, que se evapora en el aire en forma de vapor de agua y se eleva hacia el cielo.

Ciclo repetitivo

El agua pasa a través de tres estados en un ciclo que se repite una y otra vez. En forma de agua líquida o hielo sólido llena mares y océanos. Entonces, se levanta a través del aire en forma de gas y, después, vuelve a caer en forma líquida como lluvia o copos de nieve sólidos.

Agua en el espacio

Hace tres mil millones de años, en Marte, el planeta más cercano a la Tierra, existía agua corriente. En su superficie rocosa y polvorienta, se pueden distinguir lagos y lechos de río secos.

2. Se forman nubes

En el cielo frío, el vapor de agua se convierte en gotitas de líquido, que se amontonan para formar las nubes.

3. Llueve

Las gotitas de las nubes se van haciendo cada vez más grandes hasta que caen sobre la tierra en forma de lluvia, granizo o nieve.

Como los océanos, los árboles y las plantas también sueltan vapor al aire.

4. Se llenan los ríos

La lluvia, el granizo o la nieve caen sobre la tierra llenando ríos, riachuelos y lagos.

5. Viaja hasta el mar

Los ríos y riachuelos transportan el agua hasta mares y océanos, donde el sol la calienta y ¡el ciclo vuelve a empezar de nuevo!

Mares tempestuosos

Un clima violento y la actividad acuática pueden tener un efecto dramático sobre los océanos. Vientos huracanados, nubarrones cargados de lluvia y olas inmensas pueden convertir sus aguas en zonas peligrosas para las personas.

Huracán

Los vientos fuertes soplan muy rápido sobre mares tropicales. El aire cálido sube y empieza a girar como una peonza a toda velocidad. Eso provoca una inmensa tormenta destructiva llamada huracán, acompañada de vientos violentos, lluvias torrenciales e inundaciones.

Vista de satélite

Visto desde el espacio, un huracán parece una nube enorme que gira muy rápido y que se desplaza sobre el océano. Un huracán puede tener la longitud de una ciudad y ¡viajar a 300 km/h!

Remolino

Si las corrientes de dos océanos chocan entre ellas, forman una masa de agua denominada remolino. Pueden ser lo suficientemente fuertes para arrastrar a bañistas e incluso barcos a las profundidades del mar.

Tsunami

De hasta 30 metros de alto, los tsunamis son las olas más grandes del océano. Empiezan a causa de movimientos sísmicos de terremotos, volcanes o desprendimientos de tierra, y se van haciendo cada vez más grandes cuando se desplazan hacia la tierra.

Tromba marina

Un torbellino o tornado que se forma sobre el océano se denomina tromba marina. Esta columna de agua en movimiento puede tener tanta fuerza como para volcar un barco o incluso levantarlo del agua.

¡ATENCIÓN!

Nunca nades en mares revueltos. Durante una tormenta, busca un lugar donde protegerte lejos de la playa hasta que amaine.

Corrientes constantes

El agua de nuestros océanos siempre está en movimiento. La empujan unos flujos subterráneos gigantes que denominamos «corrientes», impulsadas por el viento y las mareas.

Cinta transportadora oceánica global

Las corrientes oceánicas se mueven formando un bucle continuo en el planeta, calentando las regiones polares moviendo las aguas tropicales cálidas. Allí las aguas se enfrían y regresan hacia las regiones tropicales. En partes de Escocia, las corrientes cálidas crean un clima costero lo bastante templado como para que crezcan allí palmeras.

¡ATENCIÓN!

Cuidado con las corrientes del mar. Pueden moverse tan rápido como para alejar a los bañistas de la costa en un segundo.

Que fluya...

Las corrientes ayudan a que el agua se mueva entre los cinco océanos, o a nivel más superficial o más subterráneo, en las profundidades. Algunas corrientes circulan por una pequeña parte del océano, mientras que otras se extienden por todo el planeta.

Larva de anguila

Corrientes esenciales

Además de mover agua fría y agua caliente por todo el planeta, las corrientes también desplazan nutrientes fundamentales y oxígeno. Muchos animales jóvenes, como las anguilas, usan las corrientes oceánicas para desplazarse por lugares donde encuentran comida o pareja.

Derrame de piezas

En 1997 un barco lleno de contenedores chocó contra una gran ola en el océano y vertió en el mar su carga: cinco millones de piezas de LEGO®. Las corrientes han desplazado estas piezas por todo el mundo y aún hoy en día se puede encontrar alguna pieza de este juego en la orilla del mar.

Gaviota

Siga a ese pájaro

Las aves marinas suelen posarse sobre el mar y viajan gracias a las corrientes. Seguir sus movimientos ayuda a los investigadores a estudiar la velocidad y la dirección de esas corrientes, así como también a distinguir cualquier cambio que pueda afectar a los hábitats en el futuro.

En la superficie

La superficie de la Tierra se compone de unos bloques planos enormes de roca: las placas tectónicas. Las que se hallan bajo tierra son las placas continentales, mientras las que residen bajo los océanos son las oceánicas.

Las siete placas tectónicas más grandes del planeta cubren casi el 95 % de su superficie.

Placas oceánicas

Imagínate el puzle más grande del mundo. En nuestro caso, no tiene tantas piezas, pero cada una es una roca sólida descomunal. Estas piezas interconectadas son las que cubren casi toda la superficie de la Tierra.

Placas de tierra y de mar

Las placas oceánicas se formaron debajo del agua a causa de unas erupciones volcánicas. Son más finas y blandas que las placas continentales que se hallan bajo tierra.

Placas continentales

Edad
4000 millones de años

Tipo de roca
Gruesa, dura

Grosor
Máximo 40 km

Placas oceánicas

Edad
Menos de 200 millones de años

Tipo de roca
Volcánica, menos dura

Grosor
Máximo 7 km

Océano
Placa oceánica
Manto

Formación de montañas

Las placas tectónicas se mueven muy despacio, pero sin parar. El calor del núcleo de la Tierra es lo que las mantiene en movimiento. Si chocan, pueden provocar erupciones volcánicas o terremotos o, de uvas a peras, empujan las piedras hacia arriba formando altas montañas.

Cinturón de fuego

Alrededor de la placa del Pacífico existe un área conocida como cinturón o anillo de fuego, debido a sus frecuentes erupciones volcánicas y terremotos. Es la zona del planeta donde estas placas se mueven más, de modo que se producen un montón de explosiones.

La ballena picuda de Cuvier se sumerge a más profundidad que cualquier otra criatura, llegando a profundidades de 3000 m.

Plataforma continental
Aquí es donde la línea costera de un continente desciende hacia el suelo del océano. En este punto el mar es donde es menos profundo.

Talud continental
Entre la plataforma continental y el océano profundo existe el talud continental. Se trata de una fuerte pendiente hacia las profundidades.

Dorsal oceánica
En el suelo del océano se forman grandes montes cuando las placas de la Tierra se alejan entre ellas.

Llanura abisal
La mayor parte del suelo del océano es una capa plana y uniforme denominada llanura abisal.

Monte submarino
Las erupciones volcánicas en el suelo del océano producen montañas subterráneas denominadas montes submarinos. Sus cimas siguen quedando por debajo del nivel del mar.

El suelo marino

En las profundidades del océano hay tierra, ¡pero no es plana! Podemos encontrar de todo: desde montañas puntiagudas hasta fosas superprofundas.

Isla volcánica

Cuando se van formando capas de lava volcánica enfriada, las montañas subterráneas pueden romper la superficie del agua y convertirse en islas.

Fuente hidrotermal

Estas fuentes volcánicas calientes que existen bajo el suelo del océano liberan chorros de agua supercalientes, de hasta 400 °C.

Fosa oceánica

En algunas partes del suelo del océano se encuentran fosas profundas. Se crean donde las placas tectónicas de la Tierra se deslizan unas bajo las otras.

Gusanos de tubo

Aguas ricas

El agua caliente que está cerca de las fuentes hidrotermales está cargada de minerales y bacterias. Eso proporciona alimento a la vida marina, como a los gusanos de tubo hambrientos.

La erosión

A lo largo de los años las rocas se van desgastando. El choque repetido de las olas contra las rocas puede convertir bloques enormes en piedras diminutas. Este proceso se denomina «erosión».

1 Cuando las olas chocan contra las partes inferiores de los acantilados, la roca se desprende y se erosiona.

2 Eso provoca que la parte superior quede más suelta, y se vaya cayendo al mar.

Los acantilados cambian de forma a medida que las rocas se van desprendiendo.

3 Las olas arrastran las rocas hacia el agua.

Moldeados por el mar

El océano es como un escultor, que esculpe y crea sus propias obras de arte y las expone...

Acantilado

Al chocar las olas del océano forman acantilados rocosos, elevados, a lo largo de la costa.

Cueva marina

Pero, al chocar, las olas del océano también pueden ir rompiendo la roca, dejando cuevas abiertas.

Costas cambiantes

Al moldear la arcilla, se va erosionando y va cambiando de forma. Eso es lo que les pasa a las zonas costeras del mundo, donde las olas del océano van dejando sus marcas.

Arco natural

Si las olas rompen contra las cuevas de manera contundente, forman un arco natural.

Montón marino

El choque de las olas del océano puede dejar columnas aisladas de rocas duras.

Doce torres

Una de las maravillas australianas son los Doce Apóstoles. Estas enormes rocas de caliza se desprendieron de los acantilados dejando estas formaciones fascinantes.

Isla tropical

En regiones tropicales, islas como las Seychelles disfrutan de sol, playas de arena fina, aguas cálidas y palmeras durante todo el año. ¡Por eso son tan populares entre los turistas!

Ciudad abarrotada

¡En algunas islas vive muchísima gente! La isla de Manhattan, que forma parte de la ciudad de Nueva York, en EE. UU., está repleta de rascacielos, sedes de empresas y viven allí numerosas comunidades.

Islas increíbles

Puedes encontrarte una isla en cualquier rincón del mundo. Estas zonas de tierra rodeadas completamente de agua tienen todo tipo de tamaños y formas, y algunas son verdaderos refugios de vida natural.

Naturaleza helada

Las islas de las regiones polares son extremadamente frías y ventosas. La temperatura de la isla Ellesmere, en Canadá, pocas veces está a temperaturas sobre cero. Las partes más al norte de la isla son más secas que el desierto del Sáhara.

Construida para turistas

Algunas islas han sido creadas por personas, no por la naturaleza. En Dubái, se cogió arena del mar para crear una isla en forma de palmera para veraneantes.

Vida isleña

En algunas islas remotas de la Tierra, la vida salvaje ha evolucionado de forma espectacular.

Tortuga gigante

Sin depredadores, las tortugas gigantes de las Galápagos pesan seis veces más que otras tortugas.

Dragón de Komodo

Estos gigantes lagartos venenosos que encontramos en la isla de Komodo, en Indonesia, son más largos que una mesa de ping-pong.

Lémur de cola anillada

Este primate tan mono solo se encuentra en las islas aisladas de Madagascar, delante de la costa africana.

Vida oceánica

Primera vida

La vida en la Tierra empezó en nuestros océanos hace más de 3500 millones de años. Todos los seres vivos actuales, entre ellos los seres humanos, evolucionaron a partir de esas primeras formas de vida oceánica.

Fuente hidrotermal

Ictiosaurio

Hace 250 millones de años

Mientras los dinosaurios campaban por la tierra, reptiles marinos, como el ictiosaurio, nadaban por los mares. Con un cuerpo aerodinámico y un hocico liso, se parecía mucho a los delfines actuales.

Hace 500 millones de años

Los pequeños trilobites se parecían a los bichos bola y son los antepasados de los insectos y arañas actuales. Nadaban en el agua o se arrastraban por el fondo del mar en busca de comida.

Hace 145 millones de años

Aparecieron las tortugas; la más top fue el *Archelon*. Con sus increíbles 4,5 m de longitud, fue la tortuga más grande de la historia. Nadaba cerca de la superficie y se alimentaba a base de medusas y otros animales de cuerpo blando.

Megalodón

Archelon

Hace 3500 millones de años

Las primeras formas de vida eran minúsculas, simples, criaturas tipo bacterias. Vivían en el fondo del océano, cerca de las fuentes hidrotermales, que les proporcionaban calor así como también minerales para alimentarse.

Hace 2300 millones de años

En esa época, evolucionaron nuevas bacterias. Las cianobacterias, verdeazuladas, fueron las primeras formas de vida en usar la luz solar para crear energía y producir oxígeno durante el proceso. Ese oxígeno generó muchas otras formas de vida oceánica.

Cianobacteria

Trilobites

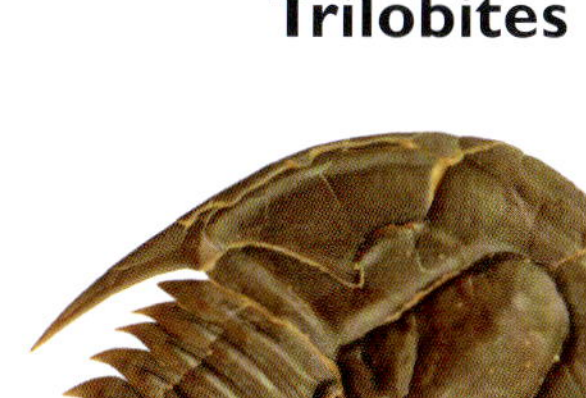

Coral

Hace 550 millones de años

La vida marina cada vez era más variada. Así pues, surgieron los primeros corales, anémonas y gorgonias. Aunque los ejemplares adultos se establecieron en el fondo del océano, los más jóvenes fueron desplazándose, expandiéndose por todos los océanos.

Hace 20 millones de años

Los tiburones recorrían los océanos para cazar millones de años antes de que apareciera el tiburón más grande. Sin depredadores cerca, el megalodón medía hasta 18 m: tres veces más que su pariente actual más cercano, el gran tiburón blanco.

¡Los fósiles de cangrejo herradura de hace 445 millones de años muestran que este animal no ha cambiado casi nada!

Antiguos reptiles marinos

Hace más de 200 millones de años, mientras los dinosaurios dominaban la tierra, estos monstruos marinos eran, sin duda, ¡los reyes de los mares!

Depredadores oceánicos

En la época de los dinosaurios, conocida como era mesozoica, existían tres grupos básicos de reptiles marinos: plesiosaurios, ictiosaurios y mosasaurios. Eran bastante diferentes de tamaño y forma, pero eso sí: todos eran depredadores feroces.

Plesiosaurios

Estos reptiles depredadores tenían cuellos muy largos, en algunos casos tanto como su propio cuerpo. Balanceaban la cabeza buscando a sus presas; ¡su comida favorita eran los ictiosaurios!

Mosasaurios

Los mosasaurios, una especie de cocodrilo, usaban sus potentes aletas para perseguir a sus presas antes de atacarlas con sus rápidas mandíbulas y dientes afilados.

Ictiosaurios

Los ictiosaurios, cuya denominación significa «lagarto pez», tenían colas parecidas a las de los peces y extremidades parecidas a las aletas, gracias a las que se desplazaban por el agua para cazar a sus presas. Sin embargo, los más pequeños tenían que ir con cuidado con los plesiosaurios hambrientos.

Elasmosaurio

Con 72 huesos en el cuello, el elasmosaurio tenía uno de los cuellos más largos y huesudos del reino animal. Eso significaba que podía atacar sin ser visto simplemente alargando su cuello y agarrando a sus presas.

Tilosaurio

Este gigantesco mosasaurio se lo zampaba todo, incluyendo los dinosaurios que se aventuraban aguas adentro.

Restos rocosos

Sabemos mucho sobre estas criaturas prehistóricas gracias al estudio de sus fósiles (restos preservados en la roca). Nos pueden contar mucho del tamaño, la dieta y el estilo de vida de un animal.

Mary Anning, recolectora de fósiles, descubrió este fósil completo de ictiosaurio en una playa inglesa hace más de 200 millones de años.

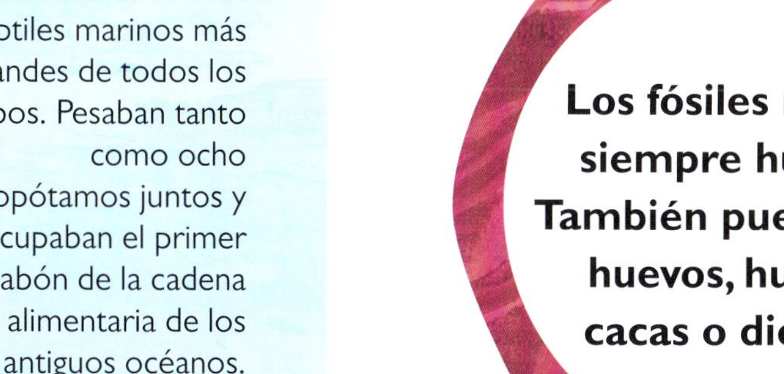

Shonisaurio

Los *Shonisaurus* son los reptiles marinos más grandes de todos los tiempos. Pesaban tanto como ocho hipopótamos juntos y ocupaban el primer eslabón de la cadena alimentaria de los antiguos océanos.

Los fósiles no son siempre huesos. También pueden ser huevos, huellas, cacas o dientes.

Peces fantásticos

Desde los minúsculos piscardos y caballitos de mar hasta las rayas y los tiburones estilizados, los peces adoptan todo tipo de formas y tamaños.

Tipos de peces

Los peces se dividen en tres grupos distintos, dependiendo de su forma y de cómo sea su cuerpo. ¿Quieres descubrirlo?

Pez óseo

El grupo de peces más numeroso lo forman los peces óseos. Tienen un esqueleto formado por huesos dentro del cuerpo, como nosotros. Eso les proporciona una estructura fuerte, ligera, que los ayuda a nadar. La mayoría de los peces óseos tienen dentro del cuerpo una bolsa llena de aire, llamada vejiga natatoria, que hace que floten.

Pez cartilaginoso

En vez de huesos, el esqueleto de estos peces está hecho de una materia más flexible llamada cartílago. Como no tienen vejiga natatoria para flotar, estos peces evitan hundirse hasta el fondo del mar nadando sin parar: ¡24 horas al día!

Pez sin mandíbula

Estos fueron los primeros peces que evolucionaron en la Tierra. Las lampreas y los peces bruja son los únicos peces sin mandíbula que existen en la actualidad. Como no tienen mandíbula, no pueden morder a sus presas. En lugar de eso, se alimentan absorbiendo o arañando con su lengua áspera y dientes pequeños.

Existen más de 32 000 tipos de peces distintos, ¡y seguro que quedan muchos más por descubrir!

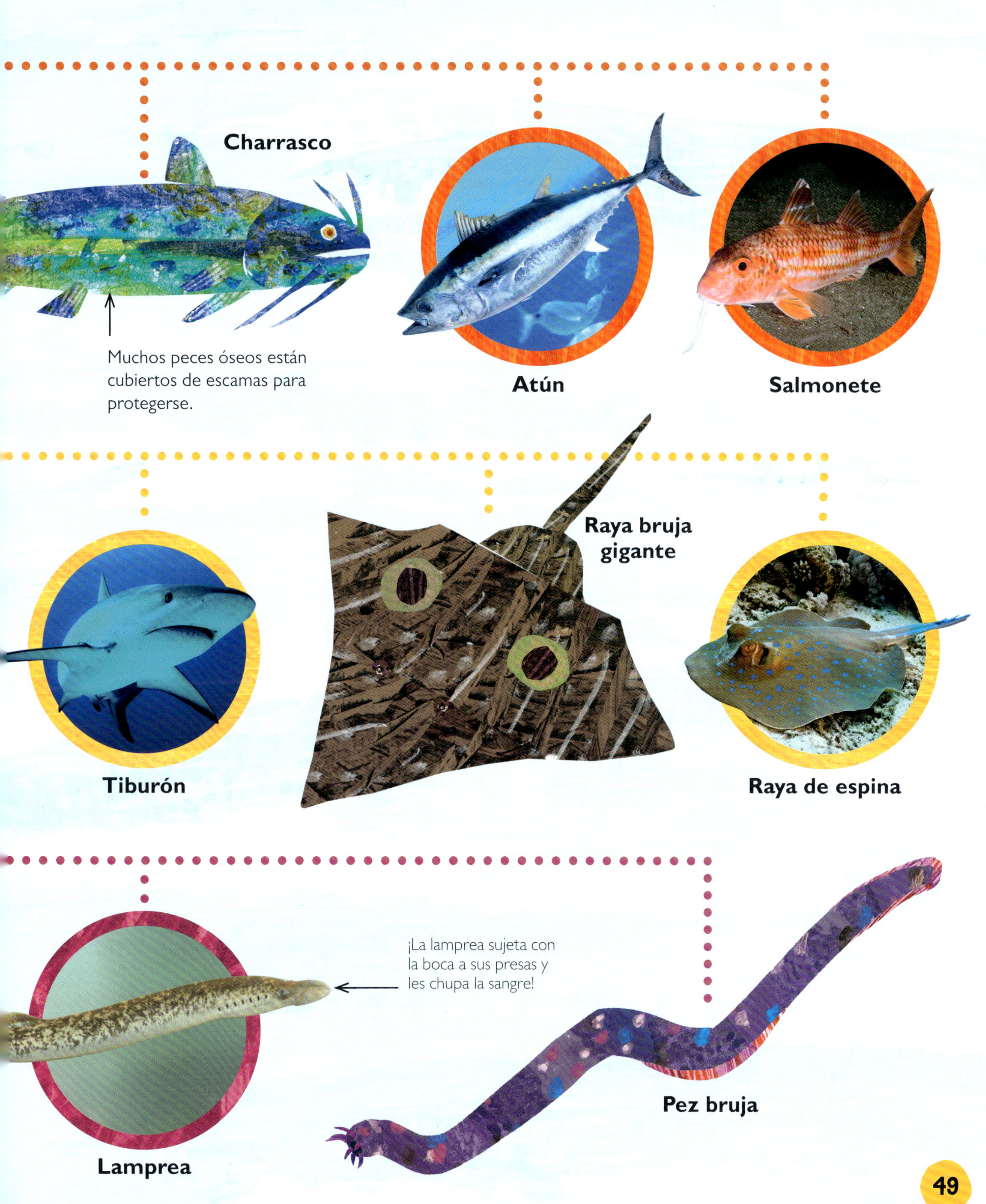
Charrasco
Muchos peces óseos están cubiertos de escamas para protegerse.
Atún
Salmonete
Raya bruja gigante
Tiburón
Raya de espina
¡La lamprea sujeta con la boca a sus presas y les chupa la sangre!
Pez bruja
Lamprea

Huesitos

Los peces óseos son el tipo de peces más reconocible del mundo. Existen, como mínimo, 28 000 tipos diferentes de peces óseos y tienen muchas características en común.

Nacidos para nadar

Los peces óseos son grandes nadadores gracias a su forma aerodinámica y lisa, ideal para impulsarse a través del agua.

Branquias

Los peces respiran a través de las branquias. Estas aberturas, una a cada costado, absorben el oxígeno del agua que los rodea.

Aletas pectorales

Este par de aletas, una a cada costado, ayuda a estos peces a desplazarse y dar la vuelta.

Cuerpo grande

El pez luna es uno de los peces óseos más pesados del océano. Con casi 2 toneladas, este gigante sin cola pesa casi lo mismo que un rinoceronte.

Crías pequeñas

Se dice que el *Paedocypris progenetica* es el pez más pequeño del mundo. Con menos de 8 mm de largo, ¡mide casi lo mismo que una pestaña!

Aleta dorsal

La aleta dorsal que tienen en la zona dorsal ayuda a estos peces a mantener el equilibrio en el agua.

Escamas

Estas pequeñas placas, que se sobreponen unas a otras, crean un contorno liso en el agua y, además, resultan una capa protectora frente a depredadores y gérmenes.

Aletas pélvicas

Las dos aletas que tienen los peces en la parte inferior les permiten cambiar de dirección.

Cola

La cola mueve a los peces a través del agua. Las colas pueden ser curvas, como si fueran palas, tener forma de luna o estar divididas como si fueran un tenedor.

Cara familiar

Los peces luminosos se encuentran entre los más habituales del mundo. Los científicos creen que en las zonas más profundas y oscuras del océano viven decenas de millones de peces de este tipo.

Formación de peces

El paso de huevo a pez requiere tiempo. Antes de que un pez se convierta en un adulto, pasa por varias etapas.

El pez luna pone 300 millones de huevos: ¡alucinante!

Círculo de la vida

Un pez empieza su vida en forma de huevo y pasa por cinco fases antes de alcanzar la edad adulta. Según el tipo de pez, esto puede durar entre tres y seis meses. Entonces, el pez es lo bastante adulto como para engendrar sus propios huevos y, así, vuelve a empezar el círculo de la vida.

1. Huevo

La mayoría de los peces ponen huevos, a veces miles a la vez. Y es así porque muchos se los comerán los depredadores antes de que eclosionen. Con tantos huevos, es más probable que lleguen a nacer unas cuantas crías.

2. Larva

Al nacer, los huevos se convierten en larvas. Primero, se alimentan absorbiendo la yema de sus huevos. Una vez se desarrollan sus características faciales, están listos para comer lo que quieran, gracias a sus boquitas recién formadas.

3. Alevín

Los alevines son independientes y se consiguen su propio alimento. Sin embargo, aún son muy pequeños y un blanco fácil para los depredadores. Comen todo lo que pueden para hacerse más grandes y más fuertes muy deprisa.

4. Juvenil

En este momento el pez ya tiene su forma real y todas las características propias: aletas, cola y escamas. Pero sigue siendo pequeño, y corre el peligro de convertirse en el desayuno de cualquier depredador.

Periodos de gestación

Algunos peces no ponen huevos, sino que dan a luz a sus crías. Los periodos de gestación son muy variables: los peces pequeños, como las olominas, dan a luz tras tres semanas, mientras que la gestación del tiburón anguila, en la imagen inferior, dura ¡tres años y medio!

5. Adulto

Esta es la etapa final en la que se completa la transformación. El pez ya tiene su tamaño final y está preparado para engendrar sus propias crías. El ciclo vuelve a empezar, una y otra vez… ¡una y otra vez!

Caballitos de mar

¡Fíjate en estos peces tan frágiles! Los caballitos de mar, con la cabeza en forma de caballo y una técnica de nado muy inusual, son especies únicas en la familia de los peces.

Fuera de lo normal

Como muchos peces, los caballitos de mar respiran gracias a las branquias y viven siempre bajo el agua. Lo que les da esta forma tan inusual, muy distinta al resto de los peces, es su larga trompa, su gran cabeza y una cola en tirabuzón.

Vista de águila

Los caballitos de mar tienen una vista prodigiosa. Los ojos se les mueven por separado, de modo que pueden mirar hacia delante y hacia atrás a la vez. Es una característica muy práctica para cazar gambas, que se mueven muy rápido.

Armadura

Los caballitos de mar tienen huesos por fuera: el exoesqueleto. A través de estas placas entrelazadas parece que lleven puesta una armadura que los protege de los depredadores.

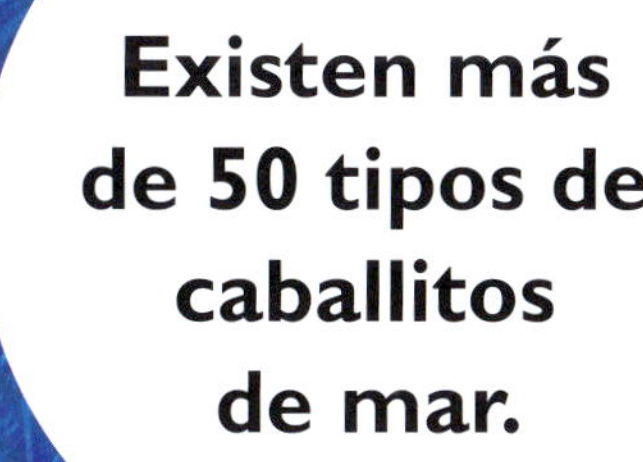

¡Papá al volante!

En una familia de caballitos de mar, los padres son los que tienen a las crías. La hembra pone los huevos y, luego, los machos los protegen en una especie de bolsa que tienen en el cuerpo. Cuando eclosionan los huevos, nacen centenares de crías minúsculas llamadas alevines, que se lanzan a nadar por el mar.

Caballitos hambrientos

Los caballitos de mar pueden ser pequeñitos, pero tienen un hambre voraz. Con su hocico largo y tubular, absorben la comida como si fueran un aspirador submarino. Como no tienen estómago propiamente dicho para digerirla, los caballitos de mar comen hasta 50 veces al día.

Equilibrio

Los caballitos de mar no son grandes nadadores. Solo tienen una pequeñísima aleta dorsal para moverse, con lo que se desplazan despacio. Como tienen tan poca potencia, es fácil que los barran las corrientes; para evitarlo usan sus colas, en forma de tirabuzón, para agarrarse a las algas mientras comen.

Rayas y mantarrayas

Entre los peces más planos del planeta encontramos las rayas y mantarrayas. Tienen mucho en común, pero solo uno cuenta con un aguijón en la cola…

Voladoras subacuáticas

Las rayas y mantarrayas, con sus elegantes movimientos debajo del agua, recuerdan a cometas. Tienen el esqueleto formado por los mismos cartílagos flexibles que los tiburones. Eso las ayuda a mover las aletas y a desplazarse a gran velocidad.

Raya bruja gigante

Tumbadas en el fondo

Como la mayoría de las rayas y mantarrayas, la raya de clavos suele estar tumbada en el fondo del mar, camuflándose entre rocas y arena. Así, esquiva más fácilmente a los depredadores y, a la vez, está al acecho de sus presas.

Encuentra las diferencias

Las mantarrayas y las rayas se parecen mucho: forma de rombo, cuerpos planos y aletas a ambos lados. Te enseñamos a distinguirlas.

Mantarraya pequeña

La mantarraya gigante es el pez con el mayor cerebro. Fíjate que ¡incluso es capaz de reconocer su propio reflejo!

Mantarraya gigante

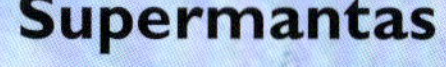

Supermantas

Existen unos 500 tipos distintos de rayas. La más grande que se conoce es la mantarraya gigante. Nada por mares tropicales con la boca abierta de par en par para alimentarse del plancton que se encuentra a su paso.

Monedero de sirena

Huevos y crías

Como la mayoría de los peces, las mantarrayas ponen huevos, pero las rayas dan a luz a sus crías. Las primeras guardan los huevos en una especie de bolsa, que a veces puede llegar hasta la costa; esta recibe el nombre de «monedero de sirena».

Diferentes tipos de cola

La mejor forma de diferenciar una raya de una mantarraya es fijándose en la cola. La primera tiene una cola larga, puntiaguda, que suele contener un aguijón venenoso. En cambio, las mantarrayas tienen una cola más corta y regordeta, sin ningún tipo de veneno.

Punta venenosa

Cola de raya redonda común

Cola de raya de clavos

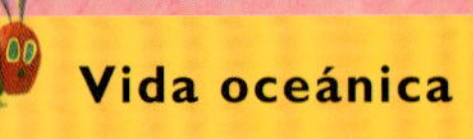

Tiburones supremos

Los tiburones han sido durante millones de años los depredadores más peligrosos del océano. Esta familia de peces feroces caza cualquier tipo de criatura marina, y ¡muy pocos animales pueden plantarles cara!

Ávidos cazadores

El gran tiburón blanco goza de una vista y de un oído excepcionales, y puede oler a sus presas a 5 km a la redonda. Con un cuerpo aerodinámico de hasta 5 m, se desplaza por el agua gracias a los potentes movimientos de su cola.

Tiburones extraños

Existen más de 500 tipos de tiburones. No todos tienen la misma forma ni el tamaño colosal de un gran tiburón blanco. Aquí te enseñamos algunas de las variedades más raras pero más sorprendentes.

Un ojo en cada extremo de la cabeza

Tiburón martillo

Tener la cabeza en forma de martillo da a este tipo de tiburón una visión increíble en casi todas las direcciones. También usa la cabeza para atrapar a sus presas en el fondo del mar, entre ellas las rayas.

Tiburón puerco

El tiburón puerco, pequeño y de movimientos lentos, vive en el fondo del mar, y se desplaza gracias a sus aletas pectorales. Este tiburón de Port Jackson es una de las nueve clases de tiburón puerco o cornudo que existen.

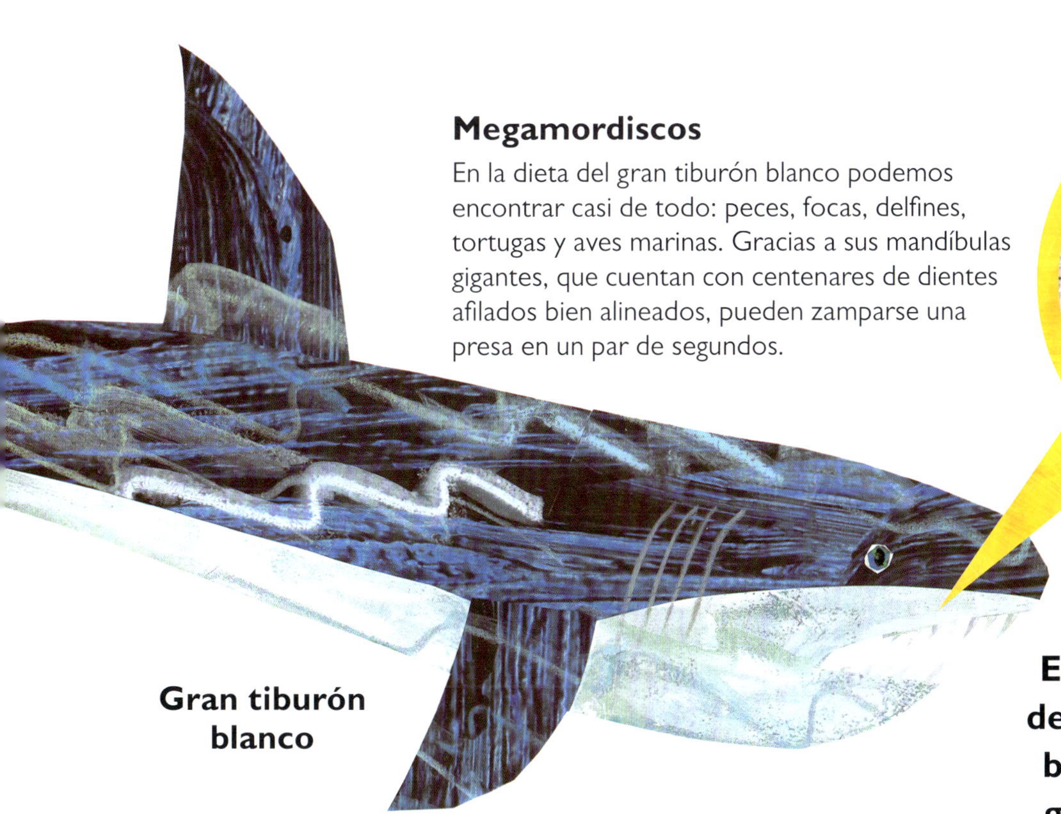

Gran tiburón blanco

Megamordiscos

En la dieta del gran tiburón blanco podemos encontrar casi de todo: peces, focas, delfines, tortugas y aves marinas. Gracias a sus mandíbulas gigantes, que cuentan con centenares de dientes afilados bien alineados, pueden zamparse una presa en un par de segundos.

Cuando se les rompen los dientes, enseguida les salen otros nuevos.

El tiburón más grande del mundo es el tiburón ballena: es el doble de grande que el tiburón blanco.

Tiburón ángel

A este enorme tiburón, con unas aletas planas y de forma romboide, lo suelen confundir con una raya. Los tiburones ángel se pasan el día dormitando en el fondo del mar, semienterrados, y salen a cazar de noche.

Tiburón duende

Dotado de una cabeza muy particular, este tiburón tiene un arma secreta: puede estirar la mandíbula y separarla de la boca para agarrar rápidamente una presa sin que esta se dé cuenta.

Tiburón alfombra

El cuerpo moteado de este tiburón le sirve para camuflarse bien en el fondo del mar. A veces, se han visto varios durmiendo apilados, unos sobre otros.

Cadena de comida en el océano

La comida proporciona energía a todos los seres vivos. A los animales pequeños se los comen los más grandes, que, al mismo tiempo, se comen entre ellos, lo que forma una cadena alimentaria. Varias cadenas alimentarias unidas crean una red llamada «red trófica».

Productores y consumidores

En una cadena alimentaria las formas de vida menores se llaman productores, porque proporcionan alimento a las más grandes. Los animales más grandes se llaman consumidores, porque cazan para buscar comida. Esta red trófica del océano muestra a los productores y consumidores marinos en acción.

Tiburones

Los mayores depredadores del océano, los superdepredadores, son los tiburones. Consumen focas, peces, aves marinas y delfines, y no hay ningún depredador que se atreva con ellos.

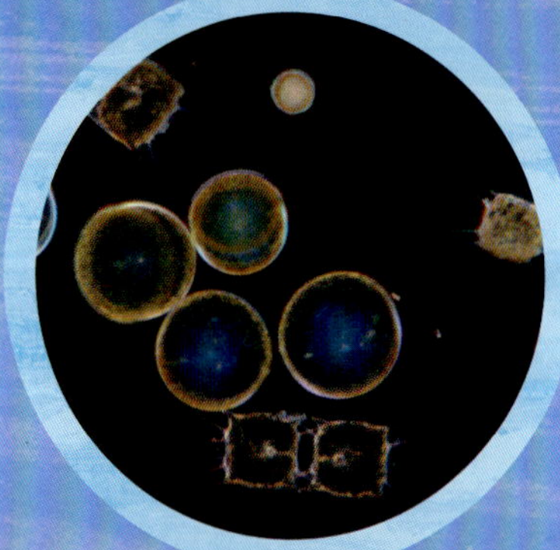

Fitoplancton

Estas bacterias minúsculas consiguen su energía del sol. Son el principal productor de comida en el océano y se encuentran en el último eslabón de la cadena alimentaria

Zooplancton

Estos minúsculos animales marinos, denominados zooplancton, son los principales consumidores de fitoplancton. Se comen las bacterias y absorben su energía.

Osos polares

Los osos polares comparten el podio de máximos depredadores marinos con los tiburones. Estos enormes cazadores rastrean su hábitat buscando focas fornidas que les ofrezcan una comida copiosa.

Aves marinas

Las aves se lanzan en picado hacia la superficie del agua del mar para cazar peces. Los ejemplares adultos suelen estar a salvo de los depredadores, ¡pero los pobres polluelos y los huevos no!

Focas

Las focas, hambrientas, se regalan banquetes a base de toneladas de salmónidos, pulpos y calamares. Pero también son blanco de tiburones y osos polares.

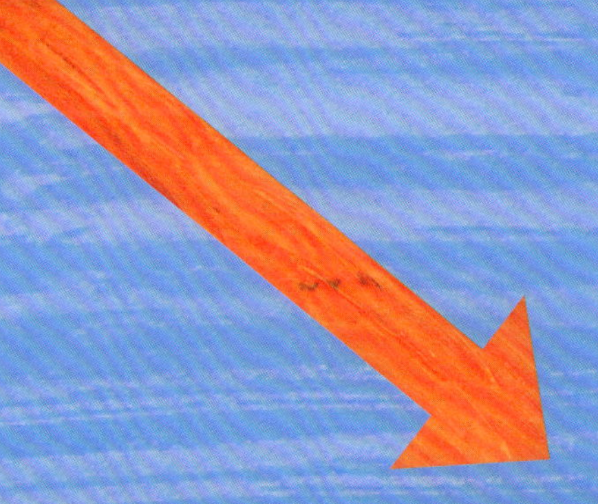

Peces de presa

Estos pequeños peces de presa se deleitan con el zooplancton, con lo que consiguen traspasar energía a los eslabones más altos de la cadena. Estos pececillos son un aporte de comida vital para animales más grandes.

Salmónidos

Cuanto más subes por la cadena alimentaria, mayores son los consumidores. Los salmónidos son peces depredadores que cazan peces de presa más pequeños.

Mamíferos marinos

Los mamíferos del océano son diferentes a los peces en muchos sentidos. No pueden respirar debajo del agua, de modo que tienen que salir a la superficie para coger aire. Tienen el cuerpo cubierto de pelo o de piel y la sangre caliente, lo que significa que su cuerpo se mantiene siempre a la misma temperatura, independientemente de lo fría o caliente que esté el agua.

Morsa

¡Apártense las criaturas! Las morsas pueden llegar a pesar tanto como ocho motos juntas. Su espesa capa de grasa les sirve para mantenerse calentitas en las heladas aguas del Ártico. Las morsas son patosas en tierra, pero unas magníficas nadadoras. Usan sus largos colmillos como armas o como herramientas, para romper el hielo.

Megamamíferos

Algunos de los mayores animales que encontramos en el océano son mamíferos. Aquí descubrirás algunos de los pesos pesados más fuertes.

Gracias a sus sensibles bigotes, las morsas pueden localizar a sus presas en aguas turbias.

Los narvales suelen nadar en grupo para protegerse de sus depredadores.

Narval

Conocidos como los «unicornios del mar», los machos de narval son fáciles de distinguir por su impresionante colmillo. Usan ese diente extralargo para encontrar pareja, detectar comida y enfrentarse a otros machos rivales.

Manatí

Estos animales, primos hermanos de los elefantes, tienen el cuerpo grisáceo, voluminoso, la cola plana y les encanta masticar plantas. Los manatíes se pasan un montón de horas al día pastando entre las algas. Como tienen tal envergadura, no tienen que preocuparse por ningún depredador.

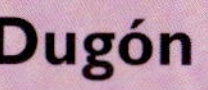

Dugón

Se trata de un animal tan corpulento como el manatí y también le gusta pastar por los campos de algas. Podemos distinguir a estos primos hermanos por la cola. Los dugones tienen una aleta caudal, como las ballenas, mientras que las colas de los manatíes son más planas, en forma de pala.

Ballenas

Los animales más grandes del océano son las ballenas. Estos inmensos mamíferos tienen un apetito del tamaño de su cuerpo: gigantesco.

Grasa de ballena

Las ballenas tienen una capa gruesa de grasa que representa una cuarta parte de su peso total. Así, consiguen tener el cuerpo caliente, incluso en aguas gélidas.

Ballenas dentadas

Las ballenas se dividen en dos grupos según lo que coman. Las ballenas dentadas son carnívoras, con lo que tienen unos dientes afilados para masticar peces, calamares y focas.

Zifio

Esta ballena submarina aguanta la respiración durante más de dos horas, más que cualquier otro mamífero.

Cachalote

El cachalote emite el sonido más fuerte de entre todos los mamíferos, y es la única ballena que duerme erguida debajo del agua.

Beluga

Esta ballena totalmente blanca se apoda «canario marino», porque emite unos silbidos y sonidos melódicos.

La ballena de Groenlandia vive más de 200 años: ¡es el mamífero más longevo del mundo!

Espiráculo

Como nosotros, las ballenas son mamíferos que tienen pulmones. Eso significa que no pueden respirar debajo del agua, como hacen los peces. A diferencia de estos, suben a la superficie para respirar a través del espiráculo, un orificio que tienen en la parte superior de la cabeza.

Ballenas barbadas

Las ballenas barbadas se alimentan de vida marina minúscula, llamada zooplancton. Cuentan con una especie de láminas en la boca, llamadas barbas, que les sirven para tragarse y filtrar grandes cantidades de zooplancton mientras nadan.

Ballena azul

La mayor criatura del planeta come cuatro toneladas de krill al día, una especie de gambas pequeñísimas. ¡Su lengua pesa lo mismo que un elefante!

Ballena jorobada

Apodada así por la joroba que dibuja su aleta dorsal, esta ballena nada 5000 km cada año para reproducirse en aguas más templadas.

Ballena enana

A pesar de ser la ballena más pequeña de todas, sigue siendo ¡más grande que un autobús de dos pisos!

Familia de delfines

Para estos animales juguetones, los océanos son como un parque infantil interminable. Les encanta saltar olas y salpicar a sus amigos, ¿¡y a quién no!?

Grandes compañeros

Los delfines viven en grupos familiares inmensos llamados manadas. Salen a cazar juntos y trabajan en equipo para rodear bancos de peces pequeños. Comparten la comida y cuidan de las crías de los demás.

Delfín

Este mamífero parlanchín se comunica con otros delfines mediante chasquidos, chillidos y silbidos. Su cuerpo aerodinámico y brillante es perfecto para nadar a toda velocidad. Los delfines, animales muy curiosos, nadan cerca de las barcas y saltan por encima de las olas para ver qué se cuece en el exterior.

Orca

Las orcas son los miembros más grandes de la familia de los delfines. Viven, básicamente, en las aguas heladas del Ártico, donde gracias a su capa de grasa extragruesa se mantienen calentitas. Son ávidos cazadores y su comida preferida son las focas.

Marsopa

Aunque se parecen a los delfines, las marsopas son más pequeñas y regordetas y cuentan con un hocico también más chato. Son animales menos sociales y menos ruidosos que sus primos, pero comparten ¡la misma pasión por el pescado!

Acróbatas del océano

Los delfines son muy inteligentes y juguetones. ¿Quieres descubrir tres de sus trucos más interesantes?

Cuando nadan cerca de rocas afiladas, algunos delfines se protegen el hocico sosteniendo una esponja marina en la boca.

Los delfines a veces saltan hasta 3 m de altura para sacarse de encima algunos peces molestos que se les pegan al cuerpo.

Algunos delfines «caminan» hacia atrás, sobre la cola. Los científicos no saben por qué lo hacen; quizá solo sea para ¡divertirse!

Supersonar

Los barcos llevan tecnología sonar a bordo para estudiar el fondo marino. Pero los delfines cuentan con una tecnología aún mejor: su propio sistema sonar incorporado para navegar y encontrar a sus presas.

Vista y sonido

Cuando los delfines no pueden usar la vista para localizar a sus presas, usan el sonido para «ver» a su alrededor. Eso los ayuda a encontrar el camino hacia la comida.

2 Los delfines emiten una serie de sonidos rápidos llamados «clics». Estos tienen una frecuencia tan alta que el oído humano no los puede percibir.

¡Clic!

¡Clic!

¡Clic!

¡Clic!

1 Para los delfines es fácil distinguir la comida sobre la superficie del mar bañada por el sol. Pero cuando cae la noche o en las profundidades del mar, les resulta más complicado ver a sus presas.

6 Los distintos ecos permiten a los delfines averiguar el tamaño exacto y la ubicación del calamar. Este sistema sonar se conoce como ecolocalización.

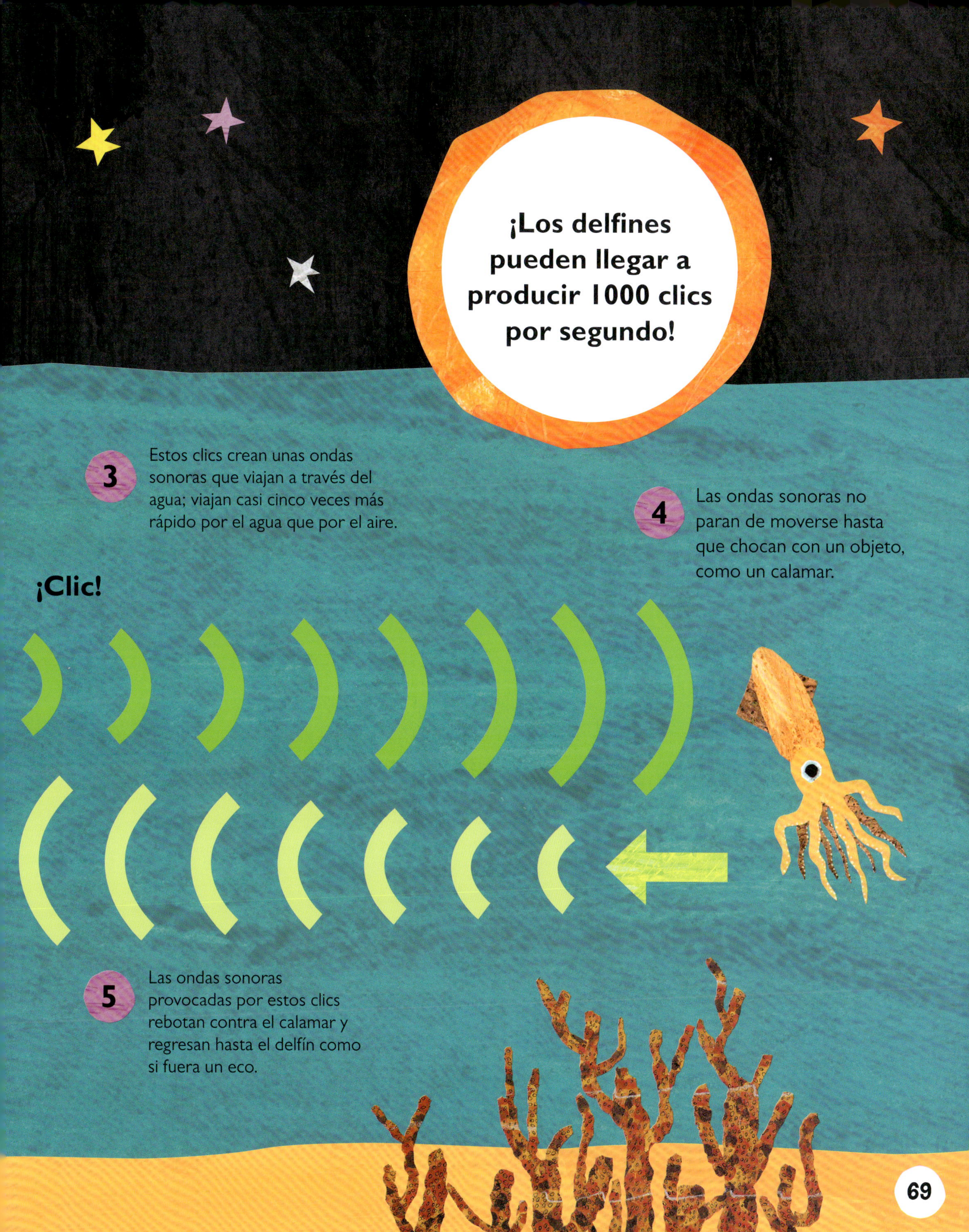
¡Los delfines pueden llegar a producir 1000 clics por segundo!
3
Estos clics crean unas ondas sonoras que viajan a través del agua; viajan casi cinco veces más rápido por el agua que por el aire.
4
Las ondas sonoras no paran de moverse hasta que chocan con un objeto, como un calamar.
¡Clic!
5
Las ondas sonoras provocadas por estos clics rebotan contra el calamar y regresan hasta el delfín como si fuera un eco.

Nutrias marinas

Estos adorables mamíferos oceánicos se pasan prácticamente toda la vida en el mar comiendo, jugando y durmiendo. Y lo que es aún mejor: ¡son superlistas! Y tan monas…

Piel muy fina

Las nutrias marinas tienen la piel mucho más suave que cualquier otra criatura. A diferencia de los mamíferos marinos, no tienen una capa de grasa, así que lo que las mantiene calentitas es su capa de piel impermeable. Se pasan varias horas al día lamiéndose la piel para tenerla radiante.

Comadrejas de agua

Las nutrias marinas son las primas acuáticas de las comadrejas. Hábiles nadadoras, tienen los pies palmeados y pueden cerrar las orejas para que no les entre agua. Pasan mucho tiempo relajándose, boca arriba, y a menudo se cogen de las patas para estar juntas mientras duermen.

Grandes buceadoras

Cuando las nutrias marinas salen a cazar la cena, se ponen a bucear. Pueden mantener la respiración durante cinco minutos mientras surcan el fondo del océano en busca de cangrejos, almejas, erizos de mar y estrellas de mar.

Herramientas de trabajo

A diferencia de la mayoría de las criaturas marinas, las nutrias marinas son expertas con el uso de las herramientas. Se guardan su kit de herramientas en una bolsa de piel y, cuando necesitan abrir crustáceos deliciosos, sacan piedras afiladas de ella.

Criaturas acuáticas

Las nutrias hembras son las únicas que dan a luz en el agua. Las madres flotan cara arriba sosteniendo a sus polluelos sobre la barriga. Las crías pueden mamar mientras se mecen flotando sobre el agua.

Las nutrias marinas llegan a comer a diario el equivalente al 25 % de su peso corporal.

Focas y leones marinos

¿Cuál es la mejor definición de las focas y los leones marinos? Animales increíblemente grandotes y sebosos. A pesar de que se mueven con bastante torpeza por tierra, estos mamíferos marinos nadan bajo el agua con una gracia sorprendente.

Cuerpos regordetes

Las focas, los leones marinos y las morsas pertenecen a un grupo llamado «pinnípedos». Son grandes y fornidos, gracias a las espesas capas de grasa que tienen. Eso significa que pueden pasarse sin comer largos periodos de tiempo, cuando las presas escasean.

Bigotes sensibles

Las focas cuentan con los bigotes más sensibles del reino mamífero. Los usan para detectar una presa en la oscuridad o en aguas turbias. Mientras cazan, tienen que ir con cuidado con tiburones y osos polares, que se las zampan sin remordimiento alguno.

Foca

Comida marina

A las focas, contar con una piel lisa y unas aletas fuertes les sirve para nadar rápido. No cazan en tierra, ya que prefieren sumergirse en busca de peces, pulpos y almejas. Algunas focas pueden permanecer bajo el agua más de una hora sin salir a la superficie a respirar.

Leones marinos

Las focas y los leones marinos se parecen mucho, pero ellos tienen unas orejas muy visibles, y ellas las tienen dobladas, casi no se ven. Los leones marinos viven en grandes colonias y ¡son muy ruidosos! Los machos ladran para amenazar a sus rivales y proteger su territorio.

Superfocas

Existen más de 30 tipos de focas; te presentamos algunos de los miembros más alucinantes de la familia.

Elefante marino del norte

Estos gigantes son las focas más grandes conocidas. ¡Los machos pesan tanto como una furgoneta y 10 veces más que las hembras!

Foca de Groenlandia

El pelaje blanco y sedoso de las crías de estas focas les sirve para camuflarse entre los paisajes helados y que sus depredadores no las localicen.

Foca franjeada

Esta foca del Ártico tiene una piel espectacular: ¡a rayas! Las garras que tiene en las aletas la ayudan a moverse por el hielo resbaladizo.

Exhibiciones deslumbrantes

¡Debajo de las olas existe un mundo lleno de color! La vida marina se esconde detrás de cualquier rincón, así que salta al agua y disfruta de este increíble arcoíris.

La gamba presumida

El macho del camarón mantis pavo real ¡luce todos los colores del mundo en su propio cuerpo! Este crustáceo los exhibe tanto para atraer como para advertir. Los increíbles colores resplandecientes de sus antenas ayudan a los machos a llamar la atención de las hembras y también les sirven para mantener a raya a sus rivales y a los depredadores.

Vivos y preciosos

Ser coloridos puede ser muy útil para los animales marinos. Unos colores atractivos llaman la atención e impresionan a las parejas. Además, pueden ser una señal para los depredadores de que se trata de una criatura venenosa. En los brillantes arrecifes de coral y bosques de algas marinas, los colores vivos pueden servirle a un animal para entremezclarse con otros elementos y camuflarse.

Cangrejo
Estrella
de mar
Salmonete
Pez payaso
Peinecillo
Abanico
de mar
Pez mariposa
Esponja
de tubo
Caballito de
mar
Morena verde
Lechuga
de mar
Tortuga
de mar
Ballena
azul
Pez mandarín
Pez cirujano azul
Babosa
malva
Medusa
luminiscente
Erizo de mar

Medusa

¡Nunca te fíes de una medusa! Con ese aspecto blandito y suave, parecen inofensivas, pero, cuidado, te picarán a la mínima que te acerques a ellas.

Pican y poco más

Una medusa no tiene casi de nada. No tiene cerebro, ni corazón, ni ojos, ni huesos, ni sangre. Simplemente tiene tres partes: el cuerpo, los tentáculos y los brazos.

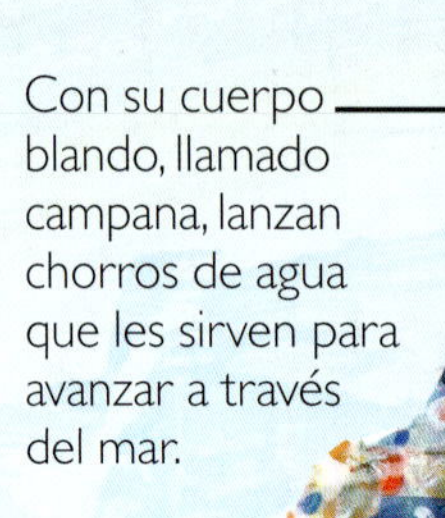

Con su cuerpo blando, llamado campana, lanzan chorros de agua que les sirven para avanzar a través del mar.

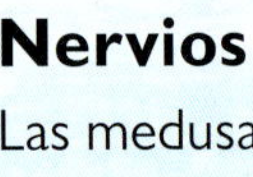

Nervios

Las medusas tienen un sistema nervioso, lo que significa que pueden notar si algo las toca. Eso les permite responder a ese estímulo picando a sus presas o a sus depredadores.

Avistamiento de medusas

Existen como mínimo 2000 tipos de medusas. Te mostramos tres de las más reconocibles.

Medusa huevo frito

Como su propio nombre indica, la medusa huevo frito tiene una campana amarilla, en forma de yema, rodeada por un círculo blanco. ¡Pero ni se te ocurra comértela para desayunar!

Primas llenas de color

Las anémonas son primas hermanas de las medusas. Estas criaturas, parecidas a una flor, parecen inofensivas, pero también sueltan un chorro venenoso a los pececillos y sobre el plancton donde están sus presas.

Pólipos venenosos

Los corales que forman los arrecifes son de la misma familia que las medusas y las anémonas. Estas minúsculas criaturas, denominadas pólipos, pueden picar a otras criaturas marinas y, evidentemente, a los buceadores.

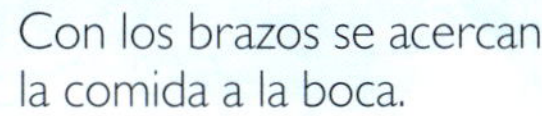

Con los brazos se acercan la comida a la boca.

Con los largos tentáculos que las siguen por detrás aturden y pican a sus presas.

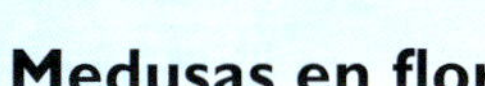

Medusas en flor

Las medusas suelen flotar en el mar por su cuenta. Pero si tienen al alcance grandes cantidades de alimento, forman grandes grupos llamados flores, que pueden llegar a contener millones de ejemplares.

Medusa de cristal

La colorida medusa de cristal realmente parece un elemento de vidrio flotante. Cuando la tocas, reacciona de golpe volviéndose verde.

Medusa al revés

¡Exacto!: la medusa al revés permanece en el fondo del mar con el cuerpo hacia abajo y los brazos flotando hacia arriba.

Brillantes en la oscuridad

¿Te imaginas disfrutar de un espectáculo de fuegos artificiales... bajo el agua? En el océano profundo, las criaturas marinas exhiben sus mejores galas, llenas de luz y de color.

Como un faro

Muchas criaturas se adaptan a las aguas oscuras creando su propia luz a través de los elementos químicos de su cuerpo. Este talento se llama bioluminiscencia. Desde las algas, las bacterias y los crustáceos hasta los tiburones, las estrellas de mar y los gusanos marinos, todos usan esta técnica para iluminar su camino.

Peces iluminados

Algunos animales se iluminan para desplazarse por el fondo del océano y evitar así los peligros, mientras que otros se encienden para deslumbrar a sus presas o asustar a los depredadores. Algunos lo hacen para impresionar a sus posibles parejas o para hacer señales a otros miembros de su grupo.

Pez hacha luminoso

El pez hacha tiene unas luces brillantes en la barriga útiles para que se confunda con la luz solar de la superficie del agua. Los depredadores que nadan por debajo de ellos confunden su brillo con el de los rayos del sol y los dejan tranquilos.

Existen unos 1500 tipos de animales que producen bioluminiscencia.

Mares chispeantes

La bahía fosforescente de Puerto Rico se ilumina cada noche como por arte de magia. Cualquier movimiento o salpicadura de los peces provoca que los millones de criaturas del plancton microscópico del agua brillen en la oscuridad. Estos flashes breves y brillantes se llaman fosforescencia.

Pulpo de ventosas luminosas

¡No te lo pierdas! Aunque no mide más de 50 cm de largo, el cuerpo de este pulpo es de color rojo brillante, con ventosas que se encienden y se apagan. Usan este sistema luminoso como atracción, y también para asustar a los depredadores.

Pez linterna

Estos peces, largos y delgados, tienen el cuerpo jalonado de tachuelas brillantes. Existen varios tipos de peces linterna con diferentes patrones de luces, que les sirven para reconocerse entre ellos.

Pez ojo de linterna

Este pez lanza unos flashes de luz a través de su ojo linterna. Así, localizan los bancos de peces entre las aguas oscuras para cazar a sus presas.

Crustáceos

A lo largo de la costa podemos encontrar millones de crustáceos. Estos fuertes supervivientes están bien protegidos gracias a la armadura que tienen como cuerpo y a las pinzas potentes, que usan para agarrar y morder.

Características familiares

La mayoría de los crustáceos viven en el océano, pero algunos, como las cochinillas, viven en tierra. Vivan donde vivan, lo que caracteriza a todos los crustáceos es que no tienen columna vertebral, pero sí cascarones fuertes y pinzas.

Langosta
Los mayores crustáceos del planeta son las langostas: cuerpo largo, cáscara blanda y pinzas enormes. Se mueven hacia delante por el fondo marino, en lugar de andar de lado como los cangrejos.

Langostinos
Estos pequeños crustáceos comen peces, caracoles y gusanos. Son presa de los cangrejos, ¡sus primos hermanos!

Las primeras gambas evolucionaron en el océano hace unos 400 millones de años.

Percebes

A diferencia de las langostas y los cangrejos, que son criaturas muy activas, los percebes no se mueven, sino que se agarran con fuerza a rocas, barcos o animales más grandes, como las ballenas, y de ahí no los saca nadie.

Cangrejo

La orilla del mar es el hogar de los cangrejos. Son fáciles de reconocer: ojos acechantes y movimientos escurridizos laterales. De entre sus diez patas, las dos frontales son unas pinzas enormes que usan para defenderse y alimentarse.

Usa sus ocho patas traseras para andar.

En las patas frontales tiene unas pinzas para poder coger cosas.

Cangrejos alucinantes

Existen más de 4000 tipos de cangrejos en el mundo. Aquí te presentamos tres que resultan únicos por su aspecto.

Cangrejo orangután
Este cangrejo tropical está cubierto de una especie de pelos naranjas, y por eso recuerdan a un orangután real.

Cangrejo boxeador
Este cangrejo atrapa las anémonas marinas con sus garras y las zarandea delante de posibles atacantes para asustarlos.

Cangrejo ermitaño de caramelo
Descubierto en 2017, este pequeño cangrejo rayado se llama así porque su cuerpo recuerda a un caramelo, a las típicas piruletas rayadas de feria.

Conchas bivalvas

Los bivalvos son unos animales marinos con un funcionamiento muy ingenioso. Sus conchas se abren para respirar y comer, ¡pero se cierran de golpe ante la primera señal de peligro!

Bisagra manual

Una concha bivalva son, en realidad, dos conchas unidas por una especie de bisagra natural que se abre y se cierra como si fuera una cajita. Cuando se cierra, la concha protege el cuerpo blandito del animal que tiene dentro.

Abierto...

...cerrado

¡Quieto parao!

Los bivalvos pertenecen a la familia de los invertebrados (animales sin columna vertebral). La mayoría no se mueven mucho, y prefieren quedarse en un sitio tranquilo, semienterrados en el fondo del mar, o pegarse a una roca.

Ostra

Este bivalvo produce perlas dentro de su concha como una forma de protegerse. Si un parásito peligroso se cuela dentro de su caparazón, la ostra libera una sustancia que lo rodea y lo atrapa. Con el paso del tiempo, esta sustancia se va convirtiendo en una perla brillante.

Mejillón

Los mejillones generan unos hilos pegajosos con los que quedan pegados a las rocas. Suelen vivir en grandes grupos, llamados bancos de mejillones. Cuando la marea baja, los mejillones quedan expuestos y vulnerables ante algunas aves depredadoras, como el ostrero euroasiático.

Vieira

El bivalvo más rápido de todos es la vieira. Se mueve abriendo y cerrando su concha para escupir agua. Además, son grandes criadoras, ya que las hembras crían centenares de millones de huevos al año.

Berberecho

Este bivalvo con forma de corazón tiene un pie musculoso que le sirve para escaparse de sus depredadores, entre ellos la estrella de mar. Los anillos que se les dibujan en la concha revelan su edad: por cada anillo, se suma un año de vida.

Almeja

Las almejas, que podemos encontrar en océanos y agua dulce, usan una especie de tubo, llamado «sifón», para respirar y alimentarse. Absorben el agua a través de este sifón, filtran minúsculos animales marinos para comérselos y vuelven a expulsar el agua.

Cuerpos alucinantes

Este molusco singular tiene ocho patas largas y un cuerpo sin esqueleto blando que puede escurrirse por rincones muy estrechos. Los pulpos se mueven expulsando chorros de agua de su cuerpo: es la propulsión a chorro.

Ventosas sensibles

Los brazos de un pulpo están recubiertos por más de 2000 ventosas. Les sirven para notar lo que tienen a su alrededor y también para capturar a sus presas.

Curiosidades de los pulpos

Podemos encontrar pulpos en todos los océanos de la Tierra, de más de 300 tipos. A continuación, te presentamos tres miembros de esta curiosa familia.

Pulpo manta

Las hembras de los pulpos manta tienen los brazos unidos por una especie de «manta» transparente, que, al extenderla, consiguen mantener alejados a sus depredadores.

Pulpos

¿Qué animal tiene tres corazones, ocho brazos, nueve cerebros y sangre azul? Parece un chiste, pero existe: ¡el pulpo!

Foca

Ataque y defensa

Según el tipo de pulpo, adopta diferentes estrategias para protegerse de los depredadores. Algunos atacan lanzando un chorro de tinta, mientras que otros se esconden dentro de cáscaras de coco y esperan a que pase el peligro.

Pulpo Dumbo

Este pulpo de aguas profundas, bautizado así por el personaje de Walt Disney, nada sirviéndose de dos aletas que parecen ¡orejas de elefante!

Pulpo de siete brazos

A simple vista, este inmenso pulpo parece que solo tenga siete brazos. Pero en realidad tiene un octavo, enrollado y remetido bajo los ojos.

Depredadores finos

Tanto las anguilas como las serpientes marinas cuentan con un cuerpo aerodinámico, que las convierte en nadadoras hábiles y resistentes. Además, son flexibles y se mueven muy rápido, y pueden escurrirse entre grietas y fisuras para cazar o esconderse.

Como la mayoría de los peces, las anguilas tienen aletas que les sirven para nadar.

Veneno mortal

Muchas serpientes marinas son más venenosas que sus primas terrestres. ¡Una gota de veneno de la serpiente marina de pico puede matar hasta a 20 personas! Por suerte para nosotros, su plato preferido son los peces gato y las gambas.

¡La serpiente marina amarilla puede contener la respiración bajo el agua durante tres horas!

Anguilas y serpientes marinas

Arrastrándose por el fondo del mar podemos encontrar anguilas y serpientes de mar. Estas cazadoras furtivas siempre tienen hambre; ¡a veces se comen unas a otras!

Respiración

Las anguilas forman parte de la familia de los peces y respiran a través de branquias, que tienen a ambos lados del cuerpo. En cambio, las serpientes marinas son reptiles, así que no tienen branquias. Tienen que subir a la superficie a respirar.

Morena verde

Descarga eléctrica

La anguila eléctrica tiene su propia arma secreta para cazar. Su cuerpo produce una descarga eléctrica superpotente que aturde a peces y cangrejos, que alcanza los 650 voltios; es el doble de potente que la electricidad que tenemos en casa.

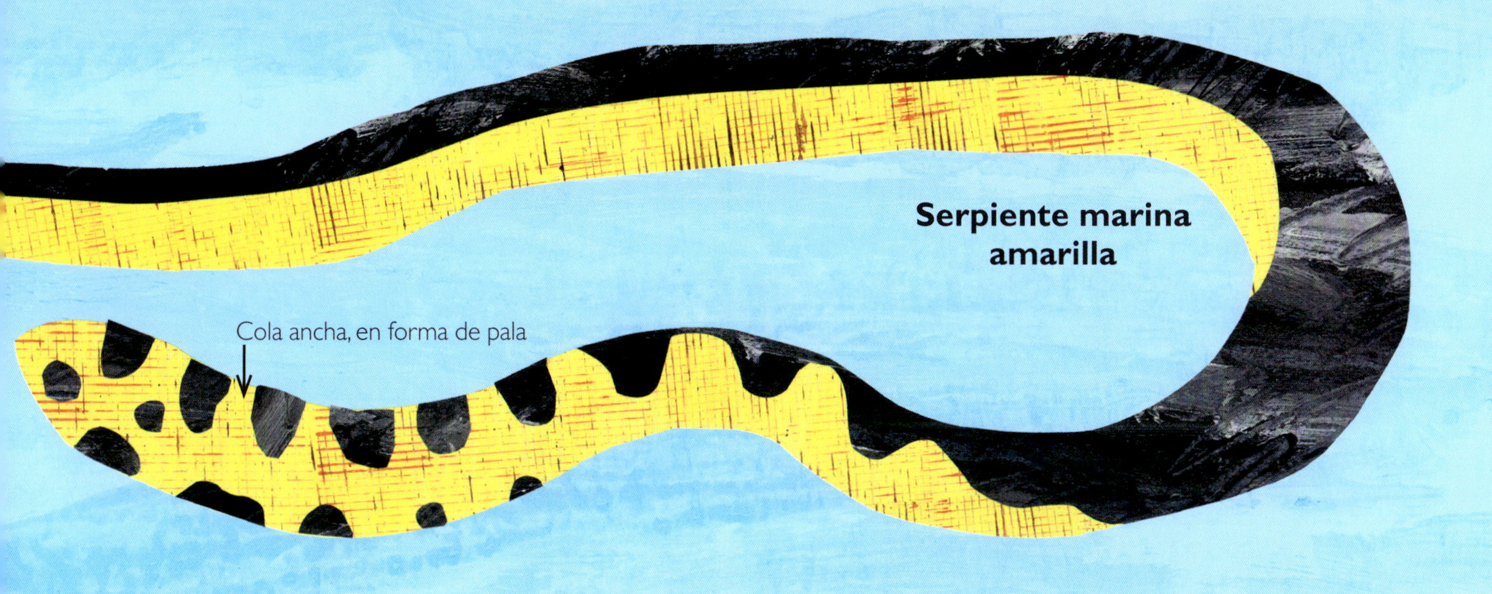

Serpiente marina oliva

Capa exterior

Las serpientes y las anguilas presentan tipos de piel distintos. La mayoría de las anguilas tienen la piel gruesa, con una superficie lisa y resbaladiza. En cambio, las serpientes marinas, al ser reptiles, tienen el cuerpo cubierto de escamas superpuestas.

Piel de anguila

Escamas de serpiente marina

Camuflaje oceánico

¡El mar está repleto de magos del camuflaje! Criaturas inteligentes que se disfrazan para confundirse con el entorno. Así, pueden esconderse de depredadores o acercarse sigilosamente a sus presas.

Pez escorpión de cabeza plana

¿Es una roca? ¿Es un arrecife de coral? No, ¡es el pez escorpión de cabeza plana! Este pez consigue el mismo color y la misma textura que su hábitat. Eso le sirve para lanzar ataques sorpresa sobre cangrejos y peces.

Bothus mancus

Circulen, circulen… que aquí no hay nada que ver. ¿O sí? Este pez plano se arrastra con las aletas por el fondo del océano y adopta los mismos colores y patrones que el fondo marino.

Pez pipa fantasma arlequín

¿Qué es lo que se esconde entre las algas? El pez pipa fantasma arlequín tiene prácticamente el mismo aspecto que un alga, ya que imita sus colores y esconde su hocico entre las plantas.

Pulpo gigante de California

Este pulpo necesita una décima de segundo para transformarse de pies a cabeza. Su cuerpo cambia de color y de textura para hacer juego con el entorno. Es el pulpo más grande y más longevo.

Caballito de mar pigmeo

Este minúsculo caballito de mar es una fotocopia de un coral. Cambiando el color y el aspecto de su piel, se mezcla tan bien entre los corales que los depredadores hambrientos pasan de largo.

Pez trompeta

El pez trompeta nada despacio, de modo que no puede salir disparado a cazar a sus presas o para escabullirse de un depredador. Pero, en cambio, se dedica a flotar disimuladamente entre las algas en busca de comida o esperando a que pase el peligro.

Calamar gigante

El calamar gigante es, indudablemente, el campeón de los moluscos, y también es el mayor invertebrado (criatura sin esqueleto) del mundo.

Ojos extraordinarios

Los ojos del calamar gigante tienen el tamaño de un plato; sin duda, los más grandes del reino animal. Estos ojos enormes les sirven para localizar a sus presas a una distancia de 120 m.

Misterio marino

A pesar de ser terriblemente grandes, los calamares gigantes viven en las aguas profundas, donde se esconden superbién. No sabemos casi nada de estos increíbles animales; lo poco que sabemos procede de los restos encontrados en la superficie.

¿Calamar o pulpo?

Los calamares y los pulpos están emparentados con la familia de los moluscos y se parecen bastante. Sin embargo, la cabeza del calamar es triangular, mientras que la del pulpo es redondeada. Los calamares, además, tienen dos tentáculos extralargos para alimentarse, mientras que los pulpos no.

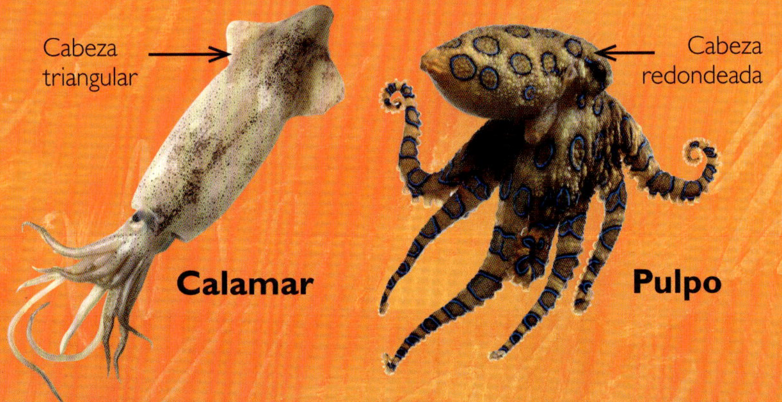

¡Hasta 2004, nadie había podido fotografiar un calamar gigante vivo!

Hora del almuerzo

Además de ocho brazos, los calamares tienen dos tentáculos para alimentarse, que son tres veces más largos que sus brazos. En el extremo de cada tentáculo tienen una ventosa en forma de gancho, útil para agarrar a sus presas.

Criatura colosal

¡El calamar gigante más grande descubierto jamás mide como diez personas una encima de otra y pesa lo mismo que un coche pequeño!

En la familia

Los calamares gigantes son unos moluscos llamados cefalópodos. Aquí tienes dos de los miembros más fascinantes de la familia.

Gigante vampiro

El calamar vampiro no chupa sangre, pero al tener sus ocho brazos unidos parece que lleve puesta ¡la capa del conde Drácula!

Sepia

Este pariente cercano del calamar tiene una estructura interna dura llamada jibión, que la ayuda a flotar. A menudo, estos jibiones se encuentran abandonados en la playa.

Caracoles y babosas marinos

Seguro que has visto caracoles y babosas en un jardín, masticando plantas sin parar. Pero también habitan en los océanos, donde, como sus primos terrestres, viajan por el carril lento.

Caracoles marinos

Los miembros de esta familia de gasterópodos tienen un cascarón que llevan a cuestas para proteger su cuerpo blando. Los caracoles marinos tienen un menú muy variado: desde pequeñas criaturas marinas hasta plantas acuáticas.

Mariposa marina

Este minúsculo caracol parece que vuele a través del océano como una mariposa. Al tener el caparazón claro se desplaza sin ser visto por sus depredadores.

Cauri

Los cauris multicolores son caracoles marinos tropicales con unos caparazones preciosos. Suelen alimentarse de plantas acuáticas y algas.

Caracol luna

Reciben este nombre por su cáscara en forma de media luna. De día, se esconden entre la arena del fondo del mar. De noche, se dedican a cazar almejas apetitosas.

Trompeta de tritón

Este caracol marino es uno de los más grandes del planeta: ¡mide 60 cm! Tiene un olfato superdesarrollado que le ayuda a seguir el rastro de las estrellas y los erizos de mar.

Sobre un pie

Los gasterópodos, como por ejemplo caracoles y babosas, se desplazan sobre un único «pie», que es todo músculo. Algunos gasterópodos del océano prefieren flotar y dejarse llevar por mareas y corrientes.

Las babosas de mar también se denominan nudibranquios. ¡Muchos de estos coloridos carnívoros absorben y exhiben los colores de sus presas!

Babosas de mar

Este grupo de gasterópodos evolucionó de los caracoles de mar. Durante millones de años, algunos caracoles perdieron sus caparazones y se convirtieron en babosas de mar blanduchas. Los colores vivos de sus cuerpos son una advertencia para los depredadores: son tóxicas.

Conejo marino

Aunque parece tan mono como un conejito suave con dos largas orejas, esta babosa es venenosa para las personas, porque se alimenta a base de esponjas de mar tóxicas.

Nudibranquio melena de león

Los tentáculos de esta babosa recuerdan la melena de un león. Huele a melón, tanto para asustar a depredadores como para atraer a posibles parejas.

Babosa banana

Esta babosa de mar de color amarillo, que habita en los arrecifes tropicales, se mezcla fácilmente con su alimento preferido: esponjas de mar amarillas.

Chal español

Esta babosa absorbe el veneno de las anémonas que ingiere para usarlo como arma contra depredadores. Sus pelillos naranjas advierten: ¡ni te me acerques!

Descubre los equinodermos

Los integrantes de esta familia no tienen cerebro ni corazón ni columna vertebral. Tienen la piel espinosa y el cuerpo simétrico, lo que significa que son idénticos por ambos lados. Además, tienen un montón de piececitos con los que se mueven por el fondo del mar.

¡Por el cuerpo de las estrellas de mar corre agua de mar en lugar de sangre!

Estrellas de mar

Las estrellas de mar llevan 450 millones de años viviendo en la Tierra, mucho antes de que aparecieran los dinosaurios. Los científicos descubrieron hace un tiempo que no tenían nada que ver con los peces.

Estrellas y erizos de mar

Si te parece que en el cielo hay muchas estrellas, ¡no te puedes ni figurar las que encontramos en el mar! Las estrellas, los erizos y los pepinos de mar viven en nuestros océanos.

Pepinos de mar

¡Estos no se parecen en absoluto a los de la ensalada! Los pepinos de mar tienen cuerpos elásticos y tentáculos alrededor de la boca para cazar pequeñas presas. ¿Y cómo plantan cara a los depredadores? Pues lanzándoles babas pegajosas.

Dólar de arena

Primos hermanos de los erizos de mar, los dólares de arena tienen un cuerpo plano cubierto de espinas cortas. Excavan la arena del fondo del mar para escaparse de los depredadores y encontrar comida.

Erizos de mar

Denominados también puercoespines de mar, estos erizos están cubiertos de púas que pinchan mucho, ideales para mantener alejados a los depredadores. A menudo saltan sobre los cangrejos para viajar hasta tierras fértiles.

Brazos adaptables

La mayoría de las estrellas de mar tienen cinco brazos, que usan para moverse despacio sobre el fondo del mar. Tienen los ojos en el extremo de los brazos, mientras que la boca la tienen debajo del cuerpo. Una estrella de mar usa sus brazos para agarrar moluscos, abrir sus conchas y llevárselas a la boca.

Esponjas y chorros marinos

Quizá sean pequeños, lentos y escurridizos, pero estos animales simples tienen un papel vital para conservar la salud de los océanos.

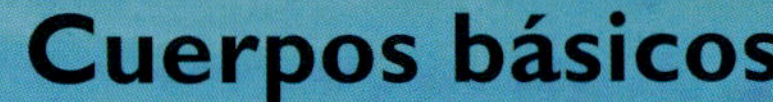

Cuerpos básicos

Las esponjas de mar y las ascidias o chorros marinos se parecen mucho. En el cuerpo tienen unos huecos minúsculos, llamados poros, por donde entra comida microscópica, y cuenta con un orificio central para liberar el agua sobrante. ¡Se mueven muy despacio o, a veces, ni eso!

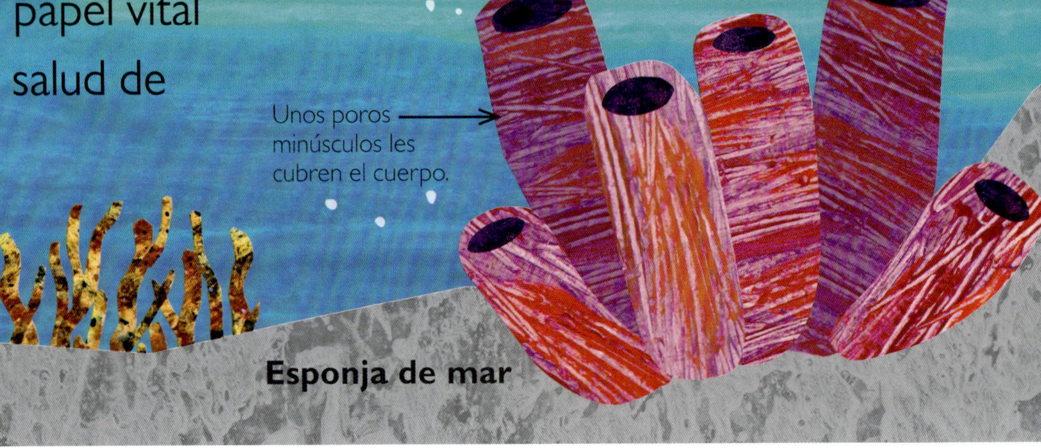

Esponja de mar

Esponjas

Las esponjas de mar se encuentran entre las formas de vida más antiguas de la Tierra. Se tragan el agua de mar, digieren el plancton microscópico y luego expulsan el agua sobrante. Y no paran de hacerlo... ¡todo el santo día!

Esponja miga de pan

Esta esponja crece en matas de líneas costeras rocosas y en aguas marinas poco profundas. Su nombre tiene relación con su textura, que recuerda al pan rallado.

Esponja de vidrio

¡Esta esponja que vive en el fondo del mar estornuda! Se traga el agua y expulsa la sobrante con un estornudo a cámara lenta, que puede durar ¡semanas!

Esponja naranja

Este equinodermo crece en cualquier rincón del mar, un poco sin ton ni son, como en restos de barcos naufragados o en los caparazones de cangrejos ermitaños vivos.

Limpiadores marinos

Cuando comen, las esponjas y los chorros de mar filtran las bacterias del agua que pueden ser nocivas. Este proceso garantiza que el océano está limpio, lo que es útil para el resto de las criaturas marinas.

¡Existen más de 8000 tipos de esponjas de mar y más de 2000 chorros marinos en nuestro planeta!

Absorben el agua a través de un agujero y la expulsan en forma de chorro por el otro.

Chorro marino

Chorros marinos

Los chorros marinos crecen en grupos sobre las rocas. Están protegidos por una capa extra de piel llamada «túnica». Su nombre proviene de esa curiosa costumbre que tienen de echar chorros de agua cuando los molestan.

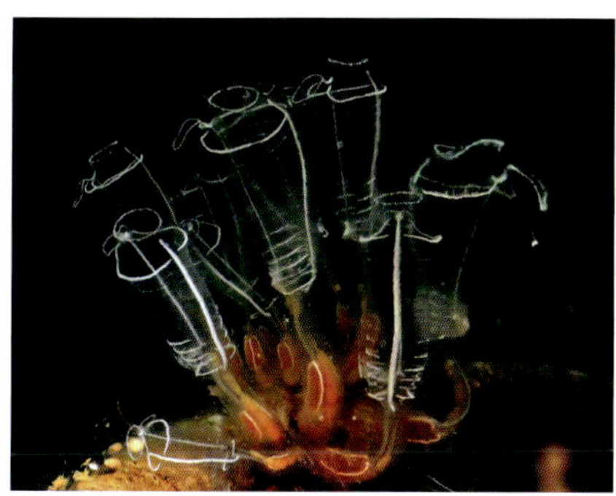

Ascidia bombillo

Con sus túnicas transparentes y sus bordes blancos, estas ascidias parecen un grupo de bombillas. Viven sobre rocas y algas.

Dendrodoa grosularia

Cuando estas ascidias pequeñas y redondeadas se juntan en el fondo del mar, ¡nos recuerdan a un plato de judías blancas!

Clavelina coerulea

Estas ascidias de color vivo pertenecen a la familia Clavelinidae, que significa «botella pequeña» en latín.

Tortugas marinas

Las tortugas llevan entre nosotros desde la era de los dinosaurios. Hoy en día, la tortuga marina es uno de los pocos reptiles que viven en el océano.

Reptiles excepcionales

Las tortugas marinas aparecieron por primera vez sobre la faz de la Tierra hace 100 millones de años. Son animales de sangre fría, lo que significa que su cuerpo está a la misma temperatura que su entorno. Las tortugas marinas viven casi toda su vida fuera del mar.

Un caparazón grande y liso protege su cuerpo blando.

Comida de tortugas

Algunas tortugas marinas son animales carnívoros que cazan insectos, peces, medusas y chorros de mar. Otras siguen una dieta vegetariana a base de plantas marinas y algas.

Nadadoras veloces

Las tortugas marinas son unas excelentes nadadoras. Sus aletas y su caparazón liso resultan una forma estilizada para moverse por el agua. Tienen un excelente sentido de la orientación y navegan por los océanos con gran maestría.

Crías en la playa

Las tortugas hembra nadan distancias extraordinarias para regresar a las playas donde nacieron y poner allí sus huevos. Las crías de tortuga salen del caparazón de noche, corren hacia el mar, intentando no cruzarse por el camino con cangrejos y aves marinas hambrientos.

Tortugas terroríficas

Como la gran mayoría de las tortugas, estas tres especies están en peligro de extinción, básicamente debido a la actividad humana.

Tortuga boba

Esta tortuga puede contener la respiración durante siete horas, una marca de récord, mientras bucea por los mares buscando presas.

Tortuga laúd

La mayor tortuga marina del mundo puede llegar a medir lo mismo que un coche pequeño.

Tortuga plana

Esta tortuga, poco conocida, vive solo en los mares de Australia. A diferencia del resto de las tortugas de mar, su caparazón es plano, no curvo.

Aves marinas

Como a nosotros, a las aves marinas les encanta estar al lado del mar: disfrutando de unas increíbles vistas marinas, de sitios cómodos en los acantilados donde poner sus huevos y de ¡barra libre de pescado!

Amantes del marisco

El ostrero euroasiático es un ave zancuda con un largo pico rojo fácil de reconocer. Se pasea entre las rocas y la arena de las playas buscando crustáceos. Con su potente pico puede abrir de un golpe las conchas para comerse los berberechos, mejillones y ostras del interior.

Vivir en la costa

Muchas aves marinas se han adaptado a vivir al lado del mar: alas robustas, plumas resistentes al agua, pies palmeados y capacidad para beber agua salada. Algunas, como este cormorán, ponen el nido entre los acantilados y pescan en el mar. Otras, en cambio, se pasan toda la vida a océano abierto, y pisan tierra firme muy de vez en cuando.

Cormorán

Pico inmenso

El pelícano, con su enorme pico, coge un montón de agua cargada de peces, entonces la escupe y se guarda los pececillos en la bolsa del pico. ¡Puede llegar a almacenar en el pico el triple de peces que le caben en el estómago!

Piloto veterano

Con la mayor envergadura del mundo, las alas extendidas del albatros son tan anchas como una mesa de ping-pong. Estas alas le permiten viajar enormes distancias sin parar. Esta ave puede planear durante horas sin necesidad de batir las alas ni una sola vez, ¡e incluso puede echarse una siestecita en pleno vuelo!

¡Un albatros puede volar 16 000 km sin tocar tierra!

Localización de peces

Las aves marinas usan varias técnicas de pesca. Algunas se sientan sobre el agua y van pescando los peces con el pico. Otras, como estos alcatraces comunes, se lanzan en picado y se sumergen en el agua para conseguir su cena. Otros son carroñeros, y patrullan por las playas buscando sobras.

Colonias en acantilados

Los acantilados escarpados y las líneas costeras rocosas son el hogar ideal para muchas aves marinas. Los frailecillos se juntan en inmensas colonias escandalosas. Construyen sus nidos y ponen huevos en los salientes de los acantilados y entre grietas ocultas, a fin de mantenerlos a salvo de los depredadores.

Migraciones asombrosas

Desde las enormes ballenas hasta las minúsculas medusas, muchos animales marinos realizan viajes épicos denominados migraciones. Se desplazan buscando sitios donde alimentarse o criar, o bien siguiendo el Sol para encontrar climas más cálidos.

Golondrina ártica

La migración más larga del reino animal es la que protagoniza la golondrina ártica. Esta ave recorre unos 36 000 km desde el Ártico hasta la Antártida para reproducirse, y luego regresa hacia el norte. ¡Alucinante!

Anguila europea

Las crías de anguila viajan desde el mar de los Sargazos, en el océano Atlántico, hasta los ríos de la Europa occidental: más de 5000 km. Les cuesta casi un año. Cuando ya son adultas, vuelven nadando a su hábitat natal.

Para más del 70 % de los migrantes marinos, el detonante para emprender estos largos viajes es el cambio de la temperatura del agua.

Migración diaria

Unos cinco millones de medusas doradas viven en el lago de las Medusas, en las islas Palaos, en el océano Pacífico. Cada día realizan minimigraciones a través del lago. Al amanecer se dirigen hacia el este, siguiendo la luz. Allí toman el sol durante el día y, al atardecer, regresan al oeste.

Langosta espinosa

En invierno, las langostas espinosas del Caribe forman una fila ordenada y marchan durante 50 km, en fila india, por el fondo del mar. Usan los campos magnéticos de la Tierra para encontrar aguas más templadas.

Ballena jorobada

Cada año las ballenas jorobadas dejan la Antártida para encontrar aguas más templadas donde poder reproducirse. Su viaje abarca unos 8000 km y dura un mes, incluyendo las paradas para dormir y para comer.

Alegres pingüinos

Estos simpáticos animales se han adaptado a los desafíos que representan sus hábitats helados. Los pingüinos son veloces nadadores en el agua, y se divierten patinando y deslizándose sobre el hielo.

Calentitos

Gran parte de los pingüinos viven en la Antártida o cerca de ella. Están bien equipados para la vida en el continente más frío y ventoso del planeta. Entre su plumaje denso se queda atrapado el aire caliente. Por debajo, también tienen una capa de grasa gruesa que les sirve para quitarse de encima ese condenado frío.

Hora de nadar

A diferencia de la mayoría de las aves, los pingüinos no vuelan. En tierra, andan sobre el hielo o se deslizan sobre él ¡tumbados boca abajo para desplazarse más rápido! En el agua, son unos nadadores hábiles y elegantes, y diestros cazadores de peces, krill y calamares.

Traje blanco y negro

Los pingüinos cuentan con unas panzas blancas y negras, lo que complica que algunos depredadores, como las orcas, los localicen fácilmente. Vistos desde arriba, el negro se mezcla con la oscuridad de las profundidades. Vistos desde abajo, el blanco se confunde con la luz solar de la superficie.

Obligaciones de los padres

Después de que la hembra del pingüino emperador ponga su huevo, el padre es el que se ocupa de él hasta que eclosiona. Aguanta el huevo, haciendo equilibrios, para que no toque el hielo, y lo tapa entre los pliegues de su piel, entre las plumas de su panza.

Desfile de pingüinos

Existen 18 tipos diferentes de pingüinos. Aquí te presentamos tres miembros fascinantes de la familia.

Pingüino juanito

Este minicohete nada a velocidades de 36 km/h, eso es, ¡el triple de rápido que el resto de los pingüinos!

Pingüino de Adelia

Este ágil pingüino antártico puede llegar a saltar hasta 3 m de altura fuera del agua, sobre las rocas o el hielo.

Pingüino macaroni

Entre las plumas punk que le coronan la cabeza y los ojos rojos, ¡este pingüino parece un auténtico roquero!

Microbios marinos

Es fácil olvidarse de las bacterias, los virus y los hongos, porque son imperceptibles. Pero estas minúsculas formas de vida ¡representan el 90 % del peso total de los seres vivos del océano!

Formas de vida simples

Los microbios son formas de vida microscópica, unicelular, que viven por todas partes: en los océanos, en tierra firme e ¡incluso en nuestro interior! Existen tantísimos que es imposible contarlos. ¡Un simple litro de agua de mar contiene mil millones de bacterias y diez mil millones de virus!

Vivir en armonía

Aunque algunos virus y bacterias provocan que nos pongamos enfermos, muchos de los microbios que viven en nuestro interior nos ayudan a estar sanos. Los microbios marinos mejoran el entorno oceánico limpiando los restos, combatiendo enfermedades y equilibrando los hábitats. A continuación, te presentamos los cinco tipos de microbios que encontramos en nuestros océanos.

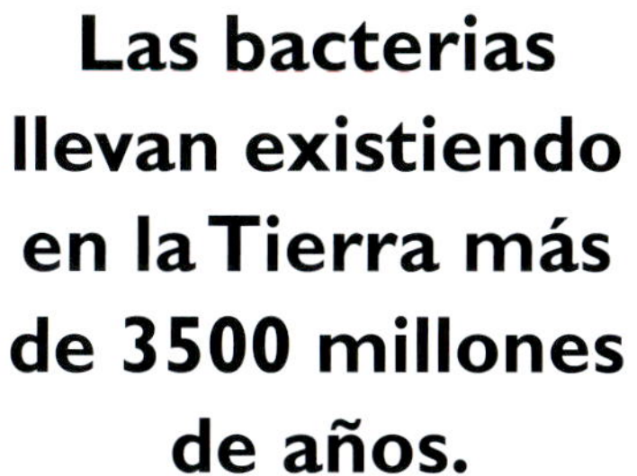

Las bacterias llevan existiendo en la Tierra más de 3500 millones de años.

Bacterias

Como el resto de los seres vivos, las bacterias se adaptan a su entorno. En la superficie, las bacterias producen energía a partir del sol. En las aguas profundas, producen energía gracias a las reacciones químicas que suceden dentro de su cuerpo.

Arqueas

Parecidas a las bacterias, las arqueas representan casi la mitad de los microbios del océano. Crecen bien en algunas de las aguas más calientes, saladas y ácidas del planeta, donde no sobrevive nadie más.

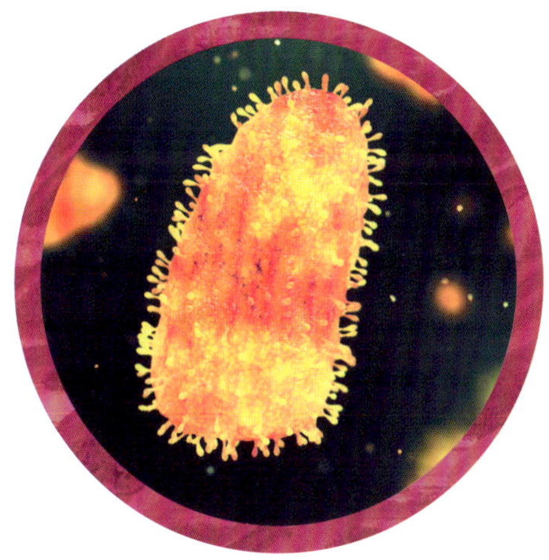

Virus

Los virus tienen que infectar a otros seres vivos para sobrevivir. En el océano, los virus pueden causar enfermedades a la vida marina. Pero, con todo, muchos son inofensivos, e incluso mejoran el agua matando algas tóxicas.

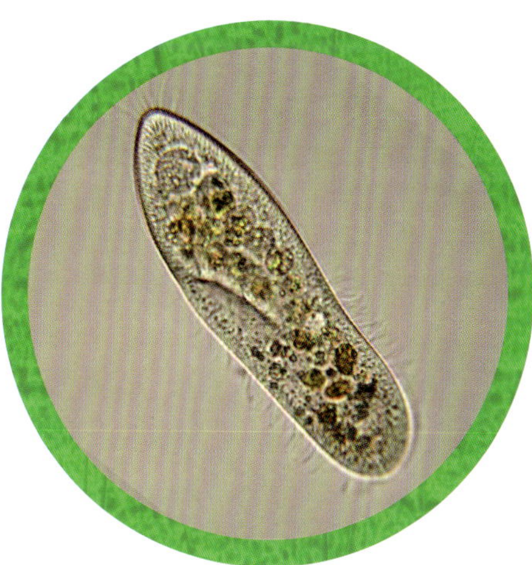

Protistas

Las protistas se encargan de muchísimas tareas útiles en el océano. Algunas se comen las bacterias o producen oxígeno, que alimenta los corales. Otras producen luz o mueven gases nocivos a las aguas más profundas.

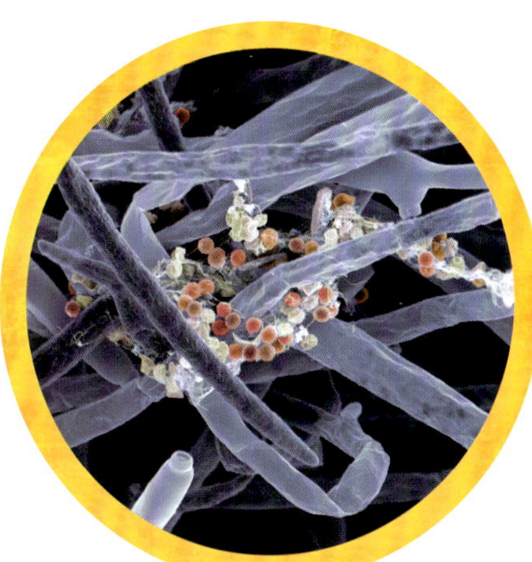

Hongos

Los minúsculos hongos marinos viven tanto en la superficie como en las profundidades de la fosa de las Marianas. Se dedican a descomponer plantas marinas y restos animales, y reciclan sus nutrientes para volverlos a usar.

Plantas marinas

En nuestros océanos crecen muchos tipos de plantas distintos: desde el minúsculo fitoplancton hasta imponentes bosques de algas.

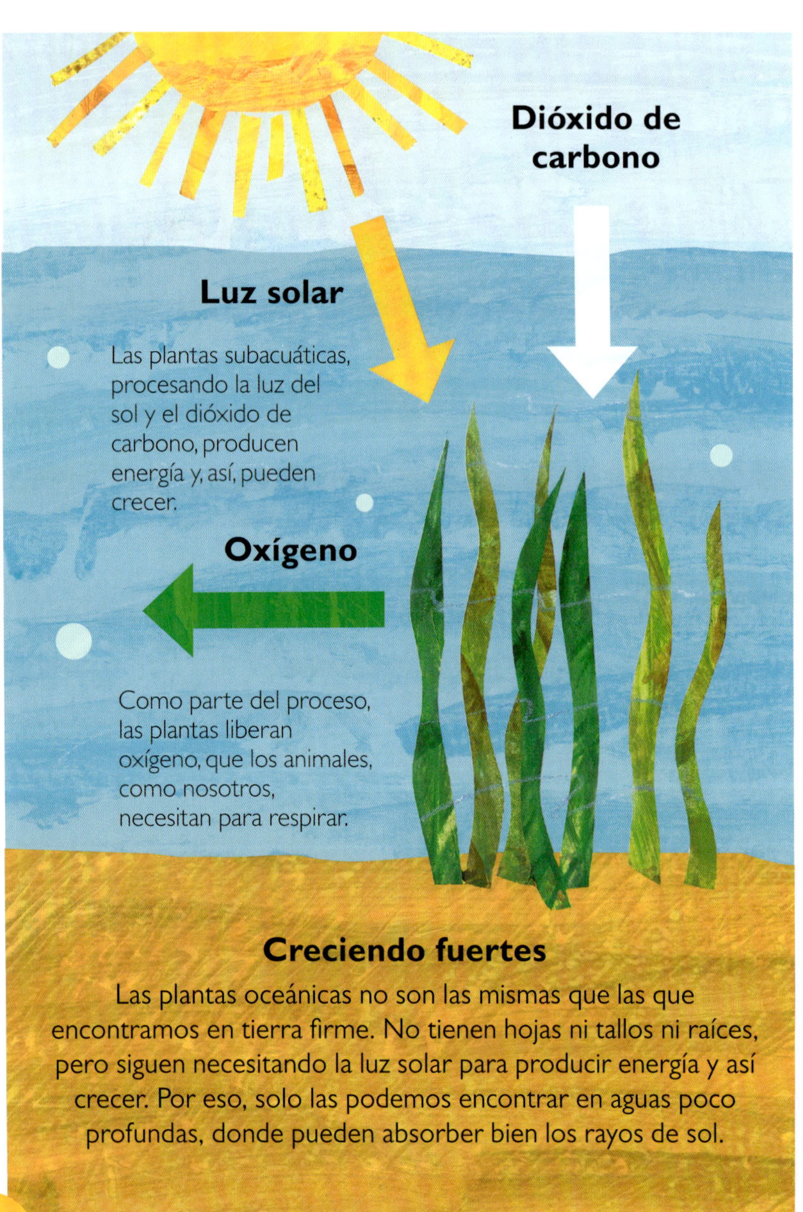

Creciendo fuertes

Las plantas oceánicas no son las mismas que las que encontramos en tierra firme. No tienen hojas ni tallos ni raíces, pero siguen necesitando la luz solar para producir energía y así crecer. Por eso, solo las podemos encontrar en aguas poco profundas, donde pueden absorber bien los rayos de sol.

Fitoplancton

Miles de millones de organismos del fitoplancton microscópico flotan en nuestros océanos. Confían en la luz solar para crecer y son una fuente vital de alimentación para innumerables criaturas más grandes.

Pradera marina

La única planta que florece en el océano es la pradera marina. Crece a nivel de costa, en zonas poco profundas, donde hay mucha luz solar. Los manatíes, uno de los mayores mamíferos herbívoros que viven en el mar, buscan su sustento entre la pradera marina.

Sargazo

El sargazo, una de las numerosas clases de algas existentes, crece en forma de matas en la superficie del agua. Muchos animales marinos lo usan como fuente de alimentación y lugar donde esconderse. El pez de los Sargazos se pasa toda la vida camuflado entre estas algas.

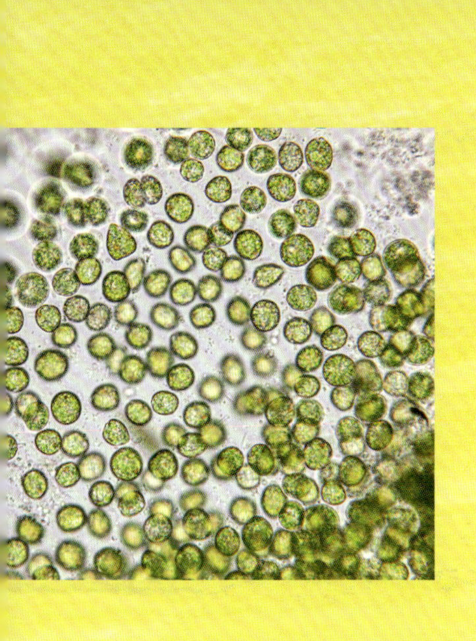

Proliferación algal

En condiciones adecuadas, el fitoplancton se propaga rápidamente. Así, grandes extensiones de agua se convierten en una especie de caldo verde, al que los científicos se refieren como «proliferación de algas». Esta absorbe el oxígeno y bloquea la luz solar, creando un entorno tóxico para la vida marina.

Laminaria azucarada

Esta inmensa alga se engancha a las rocas del fondo marino y crece rápidamente hasta convertirse en un bosque submarino. También puede crear balsas flotantes gigantes, que pueden recorrer largas distancias y transportar la vida marina a sitios nuevos.

Hábitats oceánicos

Zonas oceánicas

Los océanos tienen cinco capas distintas, conocidas como zonas. En la capa superior encontramos la superficie resplandeciente y aguas cálidas donde podemos nadar y bucear. En la parte más profunda, totalmente oscura y devastadoramente fría, solo pueden sobrevivir algunas criaturas.

Nutria

Pez linterna

Calamar de aguas profundas

Pepino de mar

Pez caracol

En el fondo del mar, unos orificios denominadas fuentes hidrotermales, expulsan chorros de agua hirviendo cargada de minerales.

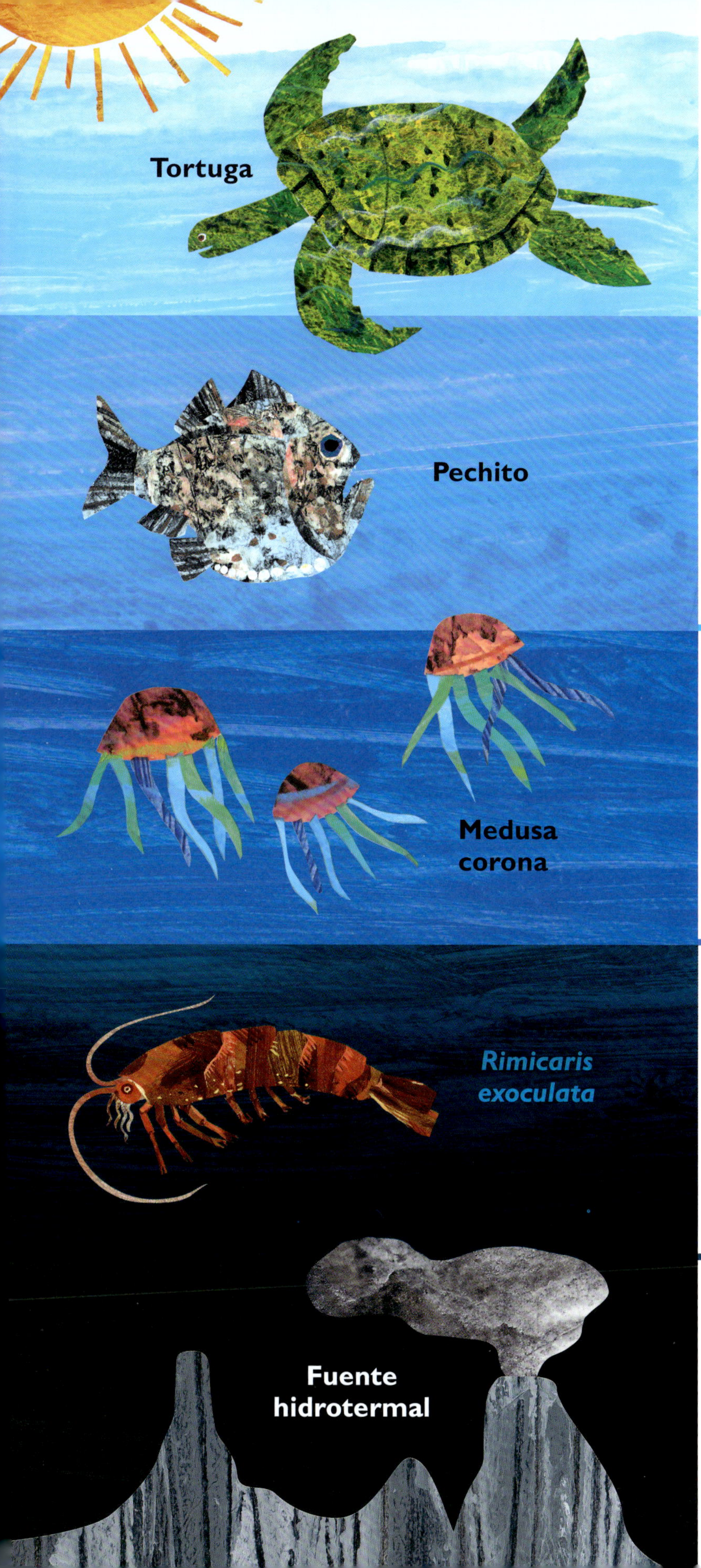

Zona pelágica

El sol brilla sobre la capa más superficial del océano, creando luz y temperaturas templadas. Rebosa vida, con más animales y plantas que en cualquier otra zona.

Zona mesopelágica

La luz se va apagando rápido a medida que vas bajando, con lo que el agua se vuelve más fría y oscura. Algunos animales han desarrollado unos ojos grandes que les sirvan para ver mejor en la oscuridad.

Zona batial

Esta zona ya es oscura. Aquí encontramos muchas criaturas con cuerpos blandos y resbaladizos, para que el gran peso del agua que tienen encima no las aplaste.

Zona abisal

Es complicado sobrevivir en esta zona. El cóctel mortal de temperaturas heladas, una presión del agua extrema y una oscuridad permanente da como resultado que haya muy pocas criaturas que puedan vivir aquí.

Zona hadal

Solo las criaturas más fuertes pueden sobrevivir en la zona más profunda del océano. Además de unas condiciones dificilísimas, aquí casi no hay nada de comer, aparte de los restos que caen de capas superiores y bacterias.

Zona pelágica

Nuestro maravilloso sol calienta la capa superior de los océanos. Este calorcito y la luz atraen a muchos tipos de vida marina, con lo que es la zona con más vida de todas.

Vida en efervescencia

Esta zona ofrece mucha luz para ver y mucha comida para comer. Las aves, como esta águila, se zambullen en estas aguas para cazar los peces que nadan cerca de la superficie. Además es donde algunos mamíferos enormes, entre ellos las ballenas y los delfines, cazan su comida. Los peces viajan muy juntitos, formando bancos, para estar a salvo.

Zona de crecimiento

Las plantas y las algas usan la luz solar para producir energía, en un proceso denominado fotosíntesis. Por eso esta zona respira verde por todos los costados, entre ellos la pradera marina y el sargazo.

En la carta

Los animales herbívoros buscan la zona pelágica para alimentarse. A las tortugas marinas y a los manatíes les gusta pastar por la pradera marina, mientras que los cangrejos y langostas prefieren las algas. Las plantas acuáticas también son un lugar para esconderse o un refugio seguro donde tomarse un descanso después de tanto nadar.

Cangrejo

León marino

Adictos al sol

Muchos animales marinos disfrutan de lo lindo en la zona pelágica. A los leones marinos, por ejemplo, les encanta tomar el sol en la superficie. Por su parte, los peces luna flotan de costado para tomar el sol.

Zona pelágica Se extiende desde la superficie hasta 200 m de profundidad.

La zona pelágica es la única parte del océano donde crecen plantas.

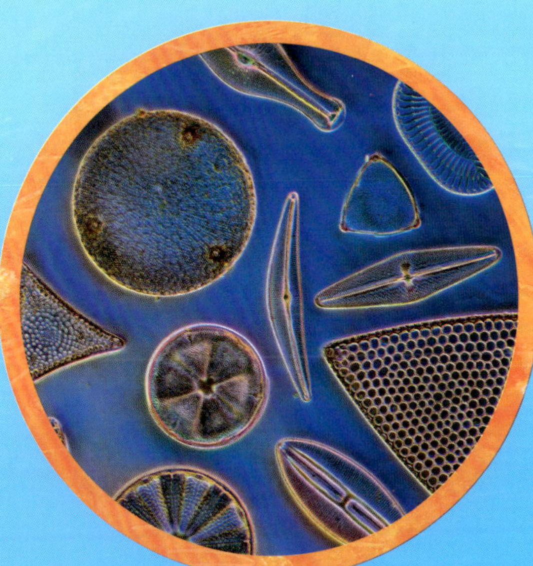

Fitoplancton

Vida microscópica

Algunas formas de vida minúsculas, como las algas o el plancton, también absorben la energía del sol. Representan una fuente de alimentación básica para animales marinos más grandes.

Cada noche unos cinco mil millones de toneladas de criaturas marinas migran de la zona mesopelágica a la pelágica.

Migración nocturna

Cada noche, la mayor migración de animales del mundo se produce en la zona mesopelágica. Tras la puesta del sol, la zona pelágica se va oscureciendo. Las criaturas que viven en la capa inferior suben a escondidas a bañarse y alimentarse sin ser vistas por los depredadores.

Pez espada

Zona mesopelágica

Las aguas se vuelven más frías y turbias en la zona mesopelágica. Aquí los animales, adaptándose a las condiciones, consiguen escaparse de los depredadores y encontrar comida.

Calamar invisible

Los calamares de cristal son prácticamente transparentes, a excepción de los ojos. Así, consiguen pasar desapercibidos en aguas oscuras y evitan a los depredadores que merodean por la zona.

¡Nieva!

La «nieve marina» es el plancton muerto y la caca de los peces que desciende desde la zona pelágica hasta la mesopelágica. ¿Apetitoso? Seguro que no te lo parece, pero son una fuente de alimentación vital para las criaturas que viven por aquí abajo.

Pechito

Ojos desmesurados

A las criaturas que viven en esta zona, contar con unos ojos tan grandes les sirve para orientarse. El *Thoracocharax securis*, el pez linterna, el esperlán común y el calamar: todos tienen unos ojos inmensos que los ayudan a ver mejor.

Columna vertebral y dientes erizados

Centenares de billones de peces linterna viven en la zona mesopelágica. Estos pececillos representan el mayor grupo de vertebrados (animales con columna vertebral) del mundo.

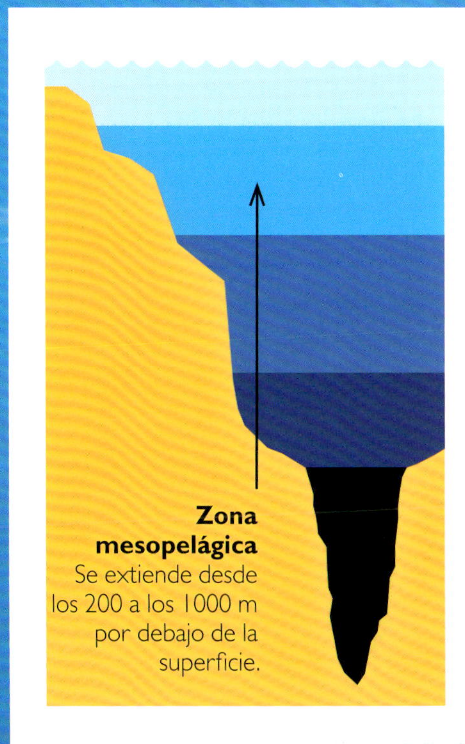

Superblandos

El gran peso del agua de las zonas más superficiales del océano presiona las formas de vida marina de la zona batial. Algunas criaturas generan elementos químicos que les sirven para que sus cuerpos aguanten la presión del agua. Otras tienen cuerpos blandos, sin esqueleto, que no se pueden romper bajo un peso tan apabullante.

Zona batial

¡En esta zona siempre es medianoche! Y cero comodidades. Los animales se enfrentan a una oscuridad permanente, a una presión intensa y a temperaturas bajo cero.

Pulpo Dumbo

¡Bocazas!

En la zona batial no se puede ser muy quisquilloso con la comida, ya que esta escasea. El engullidor negro tiene un estómago megaelástico, que le permite tragarse presas que tienen el doble de su volumen.

¡Adentro!

El pez colmillo recorre la zona batial en busca de pececitos y calamares. A pesar de sus dientes afilados, este depredador no puede cortar o masticar la comida, sino que se traga las presas enteras, ¡de un solo bocado!

Expertos buceadores

El cachalote a menudo bucea hasta la zona batial para buscar a sus presas. Puede aguantar la respiración durante 45 minutos o más buscando comida.

Solo los rapes hembra cuentan con un señuelo luminiscente. ¡Los machos son 20 veces más pequeños!

La luz que nos guía

Para algunas criaturas, la solución frente a tanta oscuridad es ¡producir su propia luz! El rape tiene una luz brillante que le cuelga de la cabeza con la que atrae a sus presas lo suficientemente cerca como para tragárselas.

Rape

Zona abisal

¡Solo las criaturas más resistentes se atreven a adentrarse en la zona abisal! Con tanta presión y tan poca comida, es una zona increíblemente dura y hostil.

Presión máxima

Aquí la presión del agua es centenares de veces superior que en la superficie. Esto provoca un esfuerzo insoportable en los cuerpos de la mayoría de las criaturas, y precisamente por esta razón en esta zona la vida es limitadísima.

Pluma marina

Zona abisal
Entre 4000 y 6000 metros por debajo de la superficie.

Zona hadal
Entre 6000 y 11 000 metros por debajo de la superficie.

Zona hadal

¡Cuidado! La zona hadal es la parte más oscura y profunda del océano. Representa una zona arriesgada para casi toda la vida marina.

Carroñeros marinos

Como en la zona abisal no crecen plantas, todas las criaturas que viven aquí cazan otros animales. Pero la comida es tan escasa que se suelen resignar a comer restos de ballenas y de peces muertos o, incluso, minúsculas bacterias.

Pez pelícano

Escurrirse y escabullirse

Los pepinos de mar, que viven en aguas muy profundas, se arrastran por el fondo del mar devorando cualquier resto de comida que pescan con los tentáculos. Además, cuando les entra la pereza, ¡se dejan llevar por las corrientes oceánicas!

En las fosas oceánicas

La zona hadal está dotada de fosas, sobre las que sabemos muy pocas cosas. Este entorno extremo es sumamente peligroso para los humanos, de modo que no podemos explorarlo ni estudiarlo.

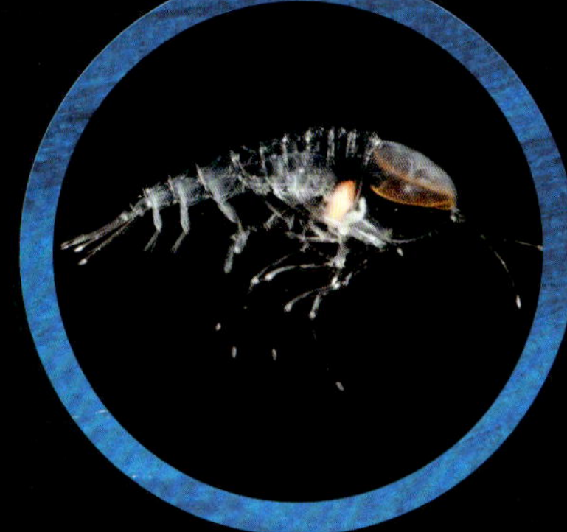

Crustáceos minúsculos

Los anfípodos se cuentan entre los pocos habitantes de la zona hadal. Tienen unos cuerpecitos blandos que les permiten soportar este hábitat con una presión tan elevada.

El nombre de zona hadal procede de Hades, que según la mitología griega es el dios de la muerte y del inframundo.

Aguas heladas

¡Toca abrigarse!, que llegamos a los océanos más fríos del planeta. Con temperaturas glaciales y una capa gruesa de hielo, sobrevivir aquí es un gran desafío para las formas de vida marina.

Campo de hielo
Una capa de hielo cubre la superficie de la tierra y se desliza muy despacio hacia el océano.

Barrera de hielo
Cuando el campo de hielo sobrepasa la línea de la costa y llega al océano, se convierte en una barrera de hielo. El ejemplo más grande del mundo es la barrera de hielo de Ross, en la Antártida.

Orcas
El calor corporal ayuda a las orcas a vivir en los climas más fríos. Nadan juntas en grupos, llamados manadas, para mantenerse a salvo y conservar el calor corporal.

Rompedores de hielo
Es difícil respirar por debajo del hielo. Las focas anilladas usan sus fuertes garras para abrir orificios en él. Así, pueden sacar la cabeza y respirar un poco de aire fresco

Frío como el hielo

El agua está terriblemente fría en las regiones polares. Eso provoca que se forme hielo de múltiples formas y tamaños: desde bloques gigantes hasta pedazos pequeños.

Iceberg

Los trozos de hielo flotante que se rompen de la barrera de hielo se denominan icebergs. ¡Pueden ser inmensos! La mayor parte de un iceberg queda sumergida bajo el agua. De hecho, lo que flota es solo el 10 % de su volumen.

Enanito gruñón

Los icebergs más pequeños se denominan «gruñidores». Pueden resultar peligrosos para los barcos, ya que suelen ser tan pequeños que cuesta verlos… ¡hasta que es demasiado tarde!

El Callejón de los Icebergs, en el norte del Atlántico, se llama así por los numerosos icebergs que flotan por él.

Morsa

Las morsas, animales inmensos y grasosos, dependen de sus gruesas capas de grasa para combatir el frío cuando se repantingan a dormir sobre el hielo flotante.

Tiburón de Groenlandia

Este enorme tiburón puede sobrevivir en estas aguas heladas porque su cuerpo puede generar calor de forma natural y así conservar la sangre calentita.

Krill

Cuando hace frío y no hay nada que comer a su alrededor, estos crustáceos se empequeñecen. Vuelven a aumentar de tamaño cuando encuentran comida cerca.

Arrecifes de coral

Los arrecifes de coral, a menudo llamados selvas de los mares, son el hábitat del océano más dinámico y variado de todos. Este mundo arcoíris es el hogar de una cuarta parte de la vida marina del planeta.

Estructuras esqueleto

Los arrecifes de coral parecen plantas vivas, pero realmente son los restos de unas criaturas minúsculas llamadas pólipos. A lo largo del tiempo se han ido apilando millones de esqueletos de pólipos hasta formar el duro coral.

Los arrecifes de coral ocupan menos del 1 % del fondo del mar.

Hogar, dulce hogar

Los arrecifes de coral tropicales son un maravilloso hogar para muchas criaturas marinas. Sus aguas, acariciadas por el sol, son cálidas, limpias y claras. El arrecife está lleno de grietas y recovecos donde la vida marina puede buscar comida y refugio seguro.

Colores de verdad

Los peces tropicales presentan todo tipo de colores deslumbrantes. Sin embargo, los colores vivos de los corales y los brillos del agua los ayudan a camuflarse en su hábitat.

Pez mariposa del mar Rojo

Soldado

De celebración

¿Te imaginas un árbol de Navidad creciendo bajo el agua? Pues el gusano árbol de Navidad es un pequeño gusano que se sujeta a los arrecifes de coral, desde donde agarra con sus tentáculos la comida que flota.

Camuflaje

Los caracoles de mar se pegan trocitos de coral a sus caparazones para así camuflarse entre los arrecifes de su alrededor. Esta sabia costumbre les pone las cosas muy difíciles a sus depredadores.

Bed and breakfast

Los arrecifes son populares porque ofrecen un lugar para dormir y comer. Algunos peces se comen el coral, mientras que otros usan los arrecifes para esquivar a depredadores escondiéndose entre sus ramas.

Chromis cyanea

Compañeros perfectos

Las anémonas permiten que los peces payaso se escondan entre sus tentáculos. Aunque pican a la mayor parte de las criaturas marinas, a los peces payaso les hacen cosquillas. A cambio, este pececito de rayas ayuda a las anémonas a mantener limpios estos tentáculos.

Manglares

Las raíces de los árboles se enroscan y se retuercen a lo largo de las costas tropicales de todo el mundo. Estos manglares se encuentran en parte bajo el agua, creando unas zonas pantanales atractivas.

Los mangles pueden llegar a una altura de 40 m.

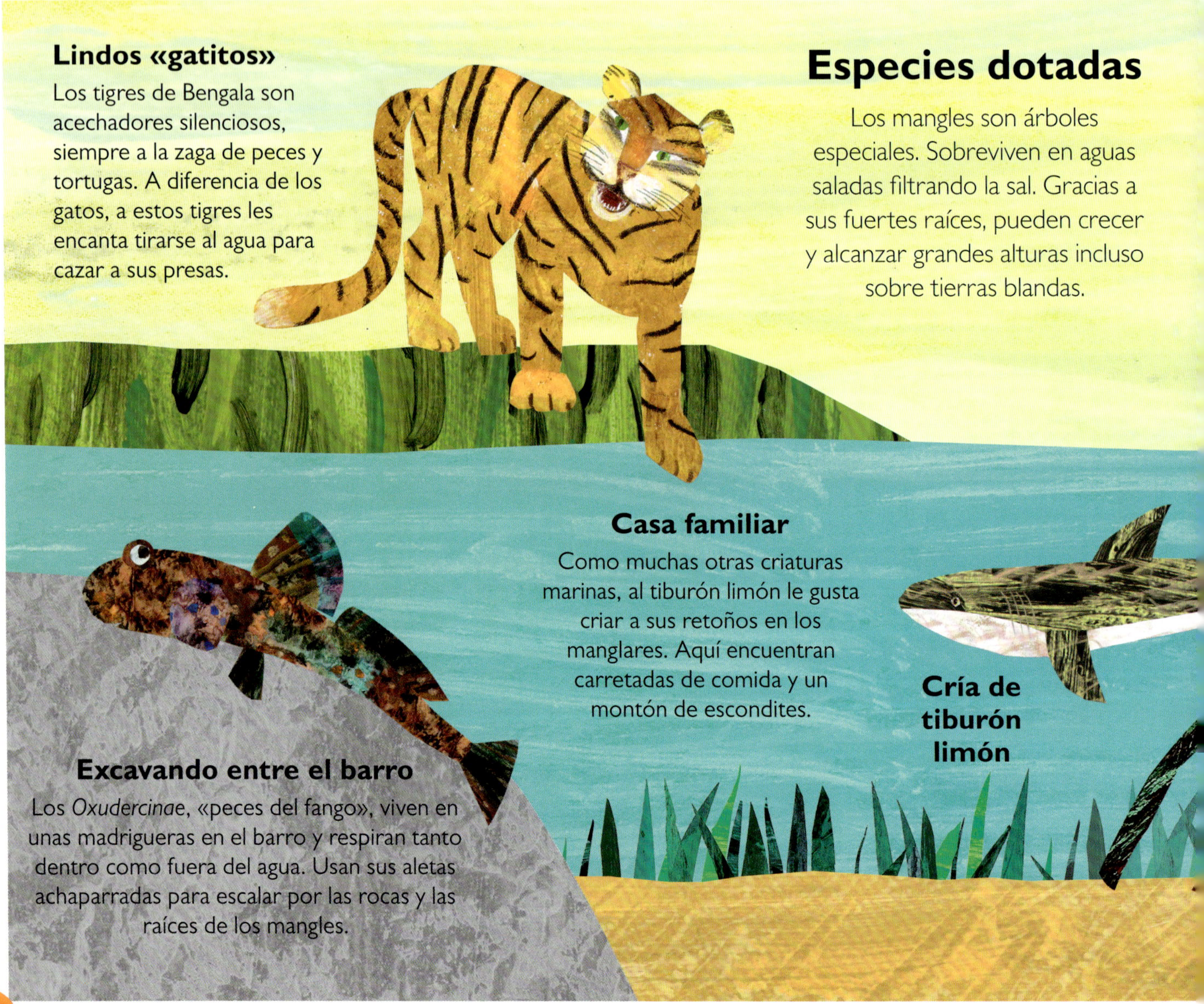

Lindos «gatitos»

Los tigres de Bengala son acechadores silenciosos, siempre a la zaga de peces y tortugas. A diferencia de los gatos, a estos tigres les encanta tirarse al agua para cazar a sus presas.

Especies dotadas

Los mangles son árboles especiales. Sobreviven en aguas saladas filtrando la sal. Gracias a sus fuertes raíces, pueden crecer y alcanzar grandes alturas incluso sobre tierras blandas.

Casa familiar

Como muchas otras criaturas marinas, al tiburón limón le gusta criar a sus retoños en los manglares. Aquí encuentran carretadas de comida y un montón de escondites.

Cría de tiburón limón

Excavando entre el barro

Los *Oxudercinae*, «peces del fango», viven en unas madrigueras en el barro y respiran tanto dentro como fuera del agua. Usan sus aletas achaparradas para escalar por las rocas y las raíces de los mangles.

Raíces visibles

Los mangles crecen en aguas cálidas, donde el suelo denso no tiene oxígeno. Sus raíces crecen también por encima de la tierra, así que absorben el oxígeno del aire.

Caracol chivita

Este caracol rayado es un depredador de manglar. Usa su único pie para atrapar a presas que se mueven despacio, como almejas, ostras o caramujos.

Pez arquero de bandas

Este hábil tirador caza los insectos de las hojas y las ramas que tiene por encima. Lanzando un chorro de agua a su objetivo, deja KO a su presa bajo el agua.

Pargo de manglar

Los pargos de manglar odian la luz, así que salen a cazar de noche. En la oscuridad cruzan las aguas buscando cangrejos, peces y gambas.

Bosques de algas

Las algas laminariales, también conocidas como quelpos, son las más grandes del planeta. Crecen rápido y formando matas densas, con lo que crean un laberinto subacuático ideal para que la vida salvaje pueda protegerse de peligros o buscar comida.

Emboscada

Las algas laminariales son un escondite ideal para los depredadores. Los leones marinos esconden sus cuerpos rechonchos dentro de estos bosques de algas… y cuando avistan un banco de peces, ¡saltan al ataque!

Crecimiento rápido

Encontramos estos bosques de algas en líneas de costa rocosas. Estas algas crecen a un ritmo asombroso: 0,5 m al día, hasta una altura de 45 m, la misma que una torre humana formada por 25 personas.

Escondite útil

A las criaturas marinas les gustan mucho las algas laminariales porque les resultan útiles para escaparse de sus depredadores. Cuando los tiburones están al acecho, las focas comunes pueden nadar por la parte más frondosa de estos bosques y esperar hasta que pase el peligro.

Foca común

Erizo de mar violáceo

Depredadores violáceos

Los bosques de algas tienen un enemigo aterrador: el erizo de mar violáceo. El alimento preferido de este invertebrado espinoso son los quelpos y, gracias a sus dientes afilados, pueden llegar a masticar ¡toneladas de algas en un abrir y cerrar de ojos!

¡Las algas laminariales odian el calor! Crecen mejor y más rápido en aguas más frías.

Nutrias al rescate

Por suerte, los bosques de algas tienen un aliado perfecto: las nutrias marinas. A este animal le encantan los erizos de mar violáceos. Evitando que la población de erizos crezca demasiado, las nutrias marinas ayudan a preservar este importantísimo hábitat marino.

¿Me das un abrazo?

Las manadas de nutrias marinas se mantienen juntitas entrelazándose con los bosques de algas. Como las fuertes raíces de los quelpos están ancladas en el fondo del mar, las nutrias no se mueven a la deriva por el océano mientras comen o duermen.

Marismas

¡Ahora las ves, ahora no! Las marismas desaparecen cuando sube la marea, pero cuando baja dejan al descubierto un hábitat repleto de vida salvaje.

¡Tápate la nariz! A menudo las marismas huelen a huevos podridos porque las bacterias microscópicas que viven en ellas producen gases apestosos.

Recolectores de plantas

Los patos y los gansos se alimentan de las pocas plantas que crecen en las marismas. Usan sus picos duros para arrancar las hojas y las raíces, y se comen los insectos y criaturas minúsculas que se encuentran por el camino.

Hábitat escondite

¿Quién querría vivir en una zona pantanosa aburrida y vacía? Quizá no parezca muy atractiva, pero este terreno fangoso está lleno de nutrientes, con lo que es el hogar perfecto para numerosas criaturas minúsculas.

Gusano

Vida en el fango

Las anémonas, los bivalvos, los berberechos, los caracoles de barro y los gusanos viven en el fango. Algunos se instalan en la superficie, mientras que otros se entierran para esconderse de aves hambrientas en busca de almuerzo.

Kilómetros de barro

Las marismas son extensas franjas de costa que se forman cuando el agua del mar se mezcla con sedimentos (tierra, roca y otros materiales de la orilla), formando así un terreno pastoso.

Marea alta

Cuando sube la marea, este hábitat queda sumergido bajo el agua. Es entonces cuando vemos aves sobrevolando la zona, peces nadando… ¡ni rastro de las marismas! De momento.

Fast food

Cuando baja la marea, las marismas se llenan de aves. Estas se pasean sobre la arena, zampándose todo lo que encuentran antes de que vuelva a subir la marea. Las aves migratorias usan las marismas como una parada técnica básica para alimentarse y cargar pilas antes de retomar el vuelo.

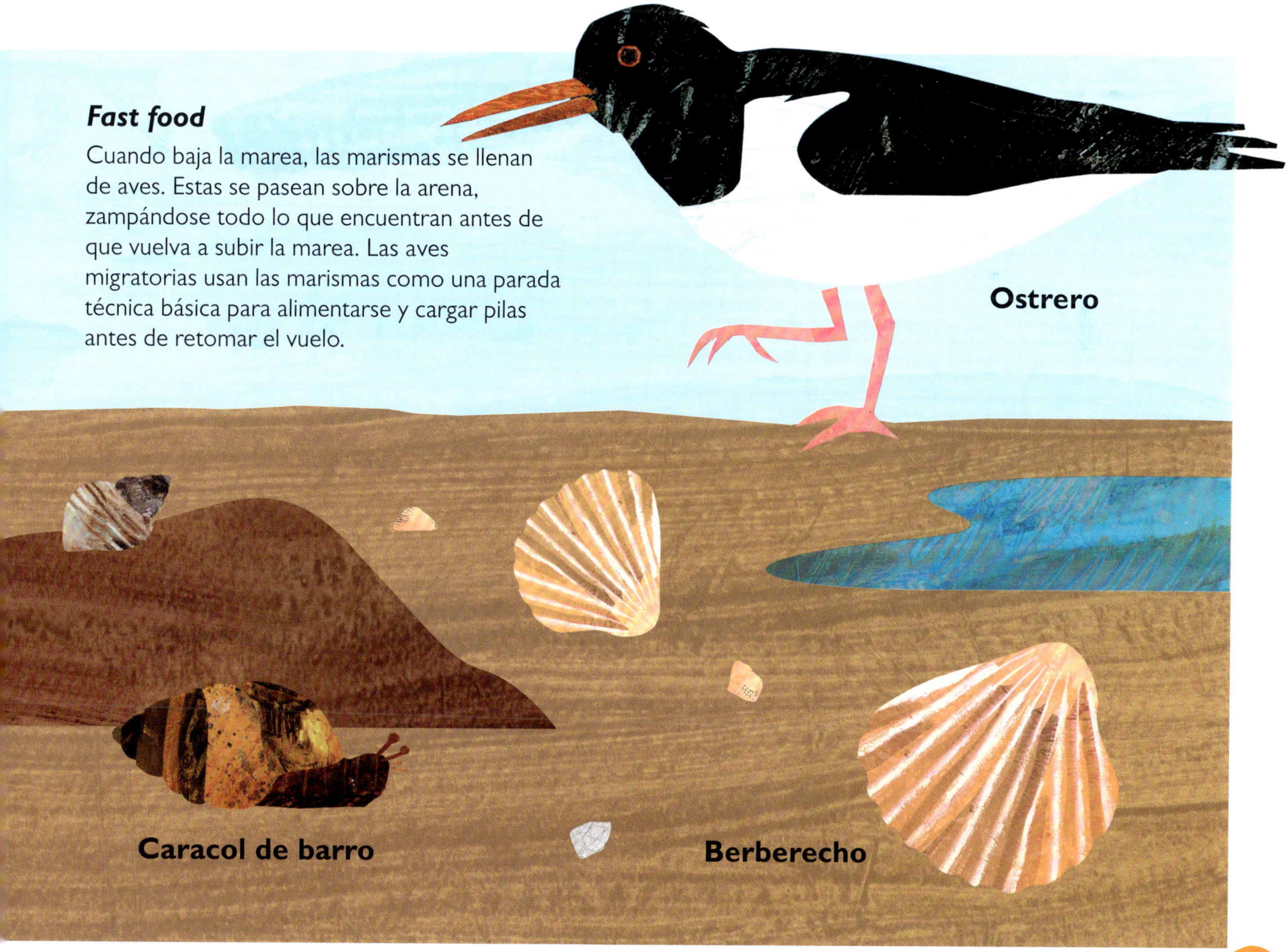

Ostrero

Caracol de barro

Berberecho

Marismas salinas

Si cogemos un trozo de costa, lo inundamos de agua, le echamos una pizca de sal y lo dejamos reposar durante miles de años, ¡ya tenemos la receta de una marisma salada!

Espátula común

Con este gran pico escarba la arena de estas marismas, rebuscando presas pequeñas.

Formación de marismas

Las marismas marinas se forman en los puntos donde la marea está baja y los climas son templados. La marea sube, arrastrando agua salada y arena fangosa. Esta arena va cargada de plantas en descomposición llamadas turba. Esta turba es rica en nutrientes, que sirven para que crezcan nuevas plantas.

Cuidado con las tormentas

Las poblaciones costeras, pueden verse inundadas por tormentas. Las plantas frondosas y el barro denso de las marismas saladas forman una barrera natural que puede absorber la fuerza de las mareas resultantes y así mantener a salvo esas poblaciones.

Minimundos

Cangrejos, gusanos, caracoles, gambas y estas orugas de marisma salina: todas estas criaturas pequeñas usan las plantas altas y los pastos de las marismas como base de su alimentación y refugio.

Spartina maritima

Salicornia

Verdolaga de playa

Las reinas de la casa

Las plantas de las marismas salinas son muy resistentes y se adaptan perfectamente a su entorno para poder vivir en aguas saladas, entre ellas la salicornia, la verdolaga de playa, la lavanda de mar o la hierba cana.

Tripolium pannonicum

Algunas plantas que encontramos en las marismas saladas también son un manjar para los humanos. ¡Atrévete con la salicornia o la verdolaga de playa!

Zona de caza

Los animales pequeños atraen a depredadores mayores. Algunas aves, como esta garza blanca grande, visitan las marismas salinas para alimentarse de criaturas que construyen sus nidos entre las plantas.

Casa con jardín

Hay muchos animales distintos que se agrupan en este mundo herboso. Las estrellas y los erizos de mar ponen huevos en estas praderas, los peces se esconden allí de posibles depredadores y los caballitos de mar se cuelgan de los tallos de estas plantas cuando comen.

Un rayo de sol

La luz del sol y el agua son los ingredientes necesarios para que crezcan estas praderas. Se desarrollan en aguas poco profundas, al lado de la orilla, donde los rayos de sol llegan fácilmente a estas plantas y así pueden crecer.

Caballito de mar

Praderas marinas

Seguro que alguna vez has visto una vaca pastando en campos inmensos de hierba. Pues lo mismo sucede en el océano, donde las vacas marinas se pasan todo el santo día pastando bajo el agua…

Pastadores gigantes

Estos pastos marinos son un festín para manatíes y dugones. También conocidos como vacas marinas, estos enormes mamíferos, lentos, se pasan hasta ocho horas al día pastando. Tienen que competir con las tortugas de mar, con las que comparten la misma dieta.

Los manatíes y los dugones son los únicos mamíferos marinos herbívoros.

Dugón

Alfombra de flores

Existen unas 60 especies distintas de plantas marinas, entre ellas la hierba de Neptuno de la imagen. Igual que la hierba que crece en la tierra, tienen raíces, tallos y semillas. Cuando florece, el fondo marino queda cubierto por una alfombra de colores vivos.

Hábitat útil

Las praderas marítimas son fundamentales para afrontar el cambio climático: absorben el dióxido de carbono perjudicial para el planeta ¡35 veces más rápido que las selvas tropicales! Hay quien se refiere a ellas como «guarderías», porque hay muchos pececillos, como estos *Plotosus lineatus*, que se crían en este entorno protegido.

En la orilla

El lugar donde el mar choca con la tierra es un entorno en constante cambio. Ráfagas de viento, olas que rompen y mareas diarias: todo condiciona la orilla del mar y los animales que viven en ella.

Charcos

Cuando la marea baja, en las orillas rocosas de la playa el agua se acumula en pequeños charcos. Las anémonas, los erizos de mar y las estrellas de mar viven siempre aquí, enganchados a las rocas. Los cangrejos y los peces son visitantes de temporada, que esperan que la siguiente marea los devuelva al mar.

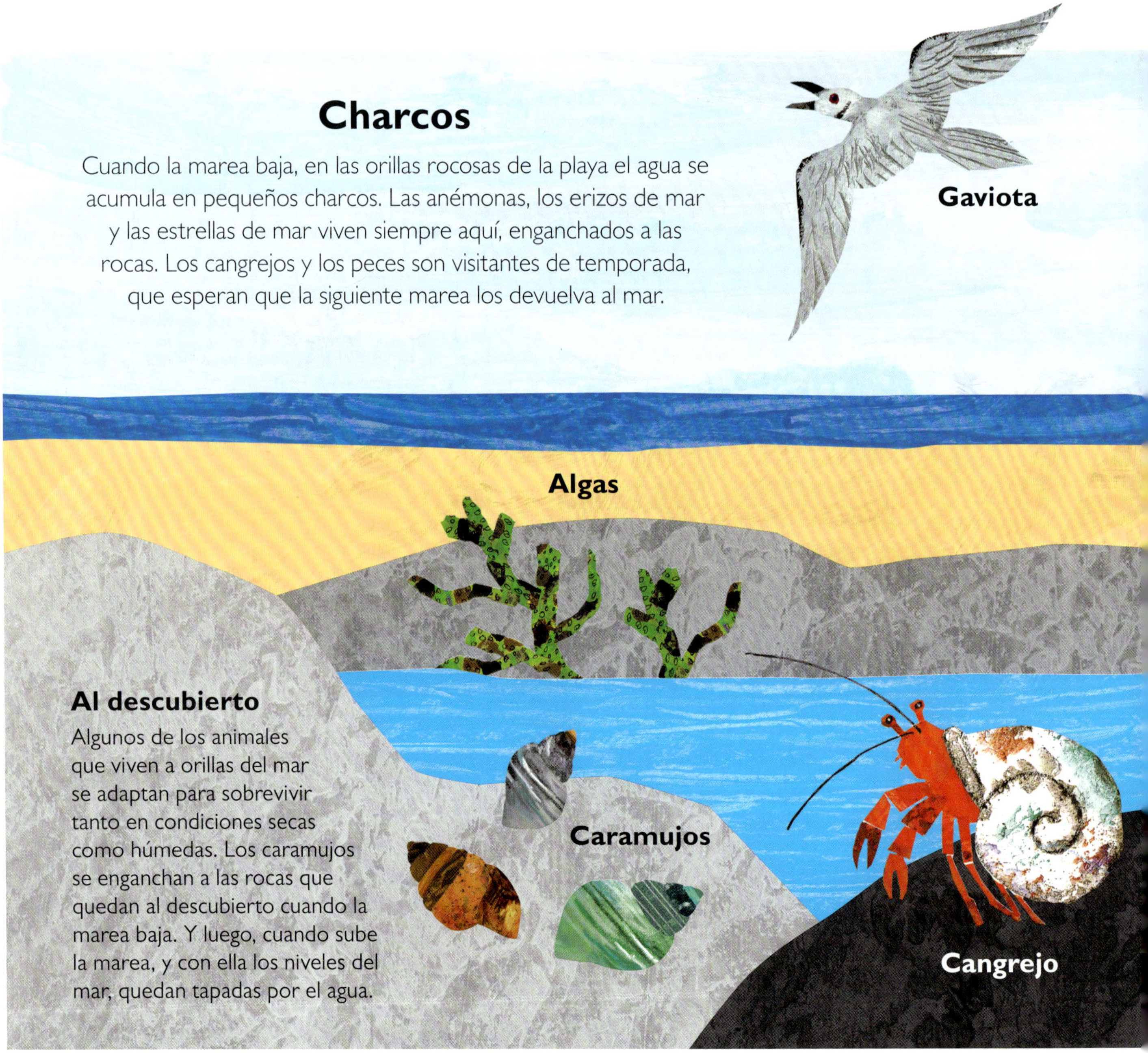

Algas

Al descubierto

Algunos de los animales que viven a orillas del mar se adaptan para sobrevivir tanto en condiciones secas como húmedas. Los caramujos se enganchan a las rocas que quedan al descubierto cuando la marea baja. Y luego, cuando sube la marea, y con ella los niveles del mar, quedan tapadas por el agua.

Caramujos

Cangrejo

En la Tierra contamos con más de 620 000 km de costa.

Carroñero marino

Las gaviotas hambrientas son el equipo de limpieza de la costa. Además de cazar animales vivos, también se comen criaturas muertas o restos de comida. A veces, incluso le roban la comida a algún humano despistado.

Al lado del mar

Existen cuatro tipos de costa, aunque algunas son una mezcla de varias a la vez.

Costa rocosa

Este tipo de orillas están bordeadas por acantilados. Con el paso del tiempo, las rocas se van rompiendo y caen al mar, formando una costa rocosa y escarpada.

Costa de arena

Las orillas de arena fina están formadas por millones de granitos de arena. Las playas de arena son muy populares entre los turistas, que las visitan para tomar el sol y bañarse.

Costa de piedras

Estas orillas están formadas por piedrecitas un poco más grandes que los granos de arena, pero mucho más pequeñas que las que encontramos en los acantilados. También se conocen como playas de guijarros.

Costa embarrada

Las orillas más complicadas y pastosas se componen de ¡barro! Capas de fango pegajoso se acumulan sobre aguas tranquilas donde apenas hay olas que azoten estas playas.

Arrecifes naturales

Los arrecifes de coral son famosos por sus corales multicolores y peces tropicales. Pero también existen otros arrecifes subacuáticos que explorar…

Peinecillo

El peinecillo (*Limaria hians*) tiene unos tentáculos naranjas brillantes que se mueven como si fueran llamas. Estos moluscos se protegen de los depredadores construyéndose nidos a base de conchas y piedras. Pueden llegar a juntarse centenares formando una colonia.

¿Qué es un arrecife?

Los arrecifes son, básicamente, acumulaciones de sedimentos bajo la superficie de aguas poco profundas. Forman barreras naturales que protegen las costas y las comunidades de tormentas, vientos y olas peligrosas. Además, ofrecen un gran surtido de alimentos y cobijo a la vida marina.

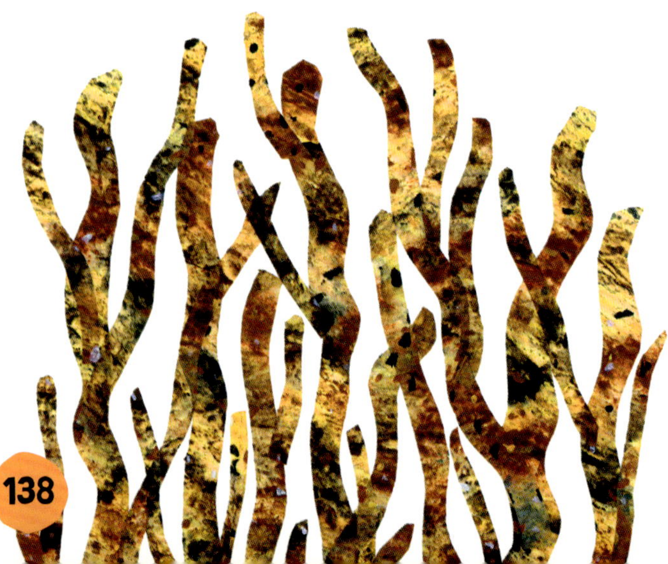

Arrecifes de ostras

Las ostras crecen unas cerca de las otras formando arrecifes, cuando se enganchan las conchas entre ellas. Las grietas y recovecos que crean estas mantas de conchas ofrecen refugio a otros animales marinos.

Más de 500 millones de personas de todo el mundo se sirven de los arrecifes como sustento y para proteger sus hogares.

Arrecife de esponjas

Los esqueletos de animales muy simples, denominados esponjas, se acumulan formando un arrecife. Son bastante inusuales y se parecen mucho a los arrecifes de coral.

Arrecifes de serpúlidos

Centenares de serpúlidos, unos gusanos de tubo, construyen sus nidos bajo el agua, donde recuerdan a un arbusto multicolor. Estos arrecifes atraen a una gran variedad de animales, entre ellos los cangrejos araña, las estrellas de mar y las langostas.

Arrecifes rocosos

La erosión natural crea arrecifes rocosos bajo el mar. El embate de las olas causa grietas y rincones escondidos entre las rocas del fondo del mar, que se convierten en el hogar y en un buen escondite para muchas criaturas marinas.

Nuestra relación con los océanos

Marineros antiguos

Los exploradores surcan nuestros mares desde la Antigüedad. A pesar de viajar con barcos sencillos y orientándose tan solo con las estrellas, los primeros marineros hicieron viajes increíbles para descubrir nuevas tierras.

Navegación a través de las estrellas

Sin mapas ni utensilios de navegación, los antiguos marineros confiaban en la luz natural para encontrar su camino. Usaban la posición del sol durante el día y de las estrellas durante la noche para resolver dónde estaban y en qué dirección debían seguir.

Barcos sencillos

Los primeros barcos se construyeron en Egipto hace 5000 millones de años. Eran de madera y llevaban una vela de tela. Estos navíos eran impulsados por el viento, pero, si el tiempo estaba tranquilo, la tripulación tenía que usar los remos para avanzar. Estas embarcaciones navegaban por el río Nilo o siguiendo la costa egipcia.

Supermarineros

Los primeros marineros de la historia fueron los fenicios, que vivían en lo que hoy en día es el Líbano y Siria. Navegaban por el Mediterráneo comprando, vendiendo e intercambiando mercancías.

Barcos de cedro

Los barcos fenicios estaban construidos con madera de cedro bañada de una capa de brea. Almacenaban las mercancías debajo de la cubierta y las ataban con cuerdas gruesas.

Grandes comerciantes

Los fenicios comerciaban con cedro y un tinte púrpura singular que extraían de los caracoles de mar. A menudo intercambiaban sus mercaderías por cobre y oro.

A los fenicios se les llegó a conocer como «hombres púrpura», por el color del tinte que comercializaban.

Viaje de ida y vuelta

En el 600 a. C., los marineros fenicios partieron para descubrir el tamaño de África. Tardaron tres años en recorrer 25 000 km, justo la costa que rodea el continente.

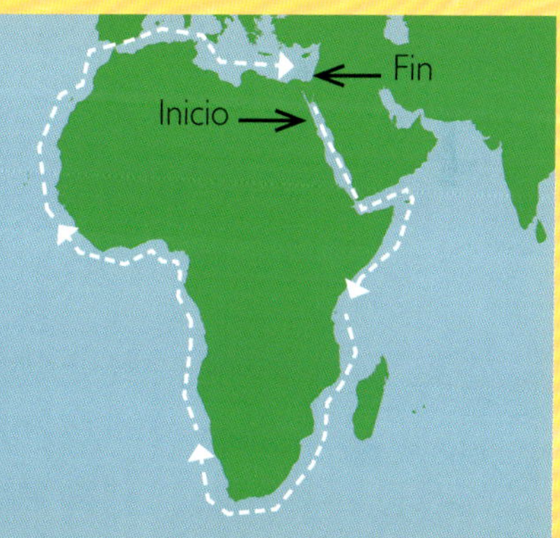

Exploradores polinesios

Los antiguos polinesios realizaron algunos de los viajes oceánicos más importantes de la historia, guiados por sus observaciones de la naturaleza.

Investigación en alta mar

A partir del 200 a. C. algunos exploradores se aventuraron a dejar sus hogares en la Polinesia, en el sureste asiático, y zarparon hacia el Pacífico para descubrir nuevas tierras. Estos marineros espabilados hicieron mapas con palos y conchas, donde tomaban notas de corrientes y mareas.

Ojos en el cielo

En sus viajes, los polinesios tomaban nota de la formación de las nubes, las aves migratorias y las estrellas. Eso les servía para definir su camino y esquivar tormentas.

Diseñadores de embarcaciones

Las embarcaciones robustas de los polinesios estaban compuestas de dos cascos de madera con una cabina en medio. En cada barco viajaban 50 personas, así como animales de granja y semillas de plantas: ¡todo lo necesario para establecerse desde cero en un nuevo territorio!

Las velas triangulares estaban hechas de hojas de plantas tejidas.

En expansión

Estos valientes aventureros descubrieron un montón de islas deshabitadas en las que se instalaron. En el 1000 d. C. los polinesios habían creado comunidades en la isla de Pascua, en el sureste del Pacífico, en Hawái, en el norte, y en Nueva Zelanda, en el suroeste.

OCÉANO PACÍFICO

Hawái

POLINESIA

Nueva Zelanda

Isla de Pascua

Hawái

En Hawái, los colonizadores polinesios vivían de la pesca y la agricultura. Crearon su propia cultura, inventándose la danza hula y el deporte del surf.

Nueva Zelanda

Los polinesios que se instalaron en Nueva Zelanda pasaron a denominarse maoríes, famosos por ser grandes narradores, por sus habilidades pesqueras y agrícolas, y por los elaborados tatuajes.

Isla de Pascua

En la isla de Pascua, los polinesios excavaron unas cabezas de piedra gigantes y crearon un sistema de escritura, llamado «rongo rongo», que se puede ver en esta tabla.

Los vikingos se extendieron en todas direcciones, viajando desde el sur de Europa hasta Groenlandia y América del Norte.

Tribus con talento

Los vikingos procedían de Escandinavia (Dinamarca, Noruega y Suecia). Además de ser grandes agricultores y especialistas en joyas, eran expertos marineros y constructores de barcos… y unos guerreros feroces. Navegaron largas distancias durante las que lanzaban ataques sorpresa a otras embarcaciones, a las que robaban sus tesoros.

La invasión vikinga

¡Cuidado con los vikingos! Cuando estos marineros escandinavos zarparon en el siglo VIII para conquistar nuevas tierras, sembraron el caos por donde pasaban.

Las velas eran de lana.

Los drakkars eran de madera y lo bastante ligeros como para que la tripulación los cargara a hombros.

Primer ataque vikingo

En el 793 d. C., el monasterio de Lindisfarne, en la costa inglesa, fue atacado de golpe en el que se conoce como el primer saqueo vikingo de la historia. Durante los 200 años siguientes, los vikingos atacaron Inglaterra, Irlanda y Francia, destruyendo en muchos casos pueblos costeros y robando tesoros.

Barcos brillantes

Los drakkars vikingos medían unos 30 m de largo y en ellos podían viajar unas 100 personas. En el océano, estas embarcaciones se movían gracias a una gran vela. Los marineros usaban remos para cruzar ríos y aguas poco profundas.

Padre e hijo

El jefe de los vikingos, Erik el Rojo, zarpó de Islandia en dirección oeste en el año 968 d. C. y formó una nueva comunidad en una isla que bautizó como Groenlandia. Su hijo, Leif Ericsson, fue más aventurero todavía: junto a su tripulación, ¡fueron los primeros europeos que llegaron a pisar el continente de América!

Exploradores europeos

Los europeos se pusieron a explorar los mares de verdad en el siglo xv. Los marineros zarparon para descubrir nuevos territorios en busca de aventura, fama y, sobre todo, ¡fortuna!

Las velas latinas triangulares se diseñaron para virar (usando el viento para navegar en zigzag).

Enrique el Navegante

El príncipe Enrique de Portugal diseñó la carabela en 1400, especialmente para explorar. Era pequeña y ligera, lo que facilitaba su navegación por la costa.

La era de los descubrimientos

A partir de 1490, muchas expediciones marítimas partieron desde Europa. Con embarcaciones nuevas y rápidas y unos dirigentes ávidos por expandir sus imperios, se mandó a exploradores a todos los rincones del planeta.

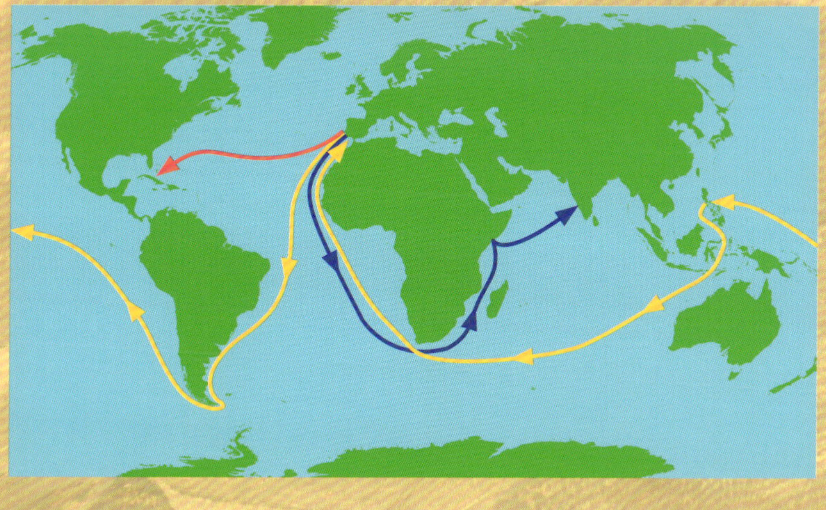

Cristóbal Colón

Este marinero italiano llegó a las islas del Caribe en 1492, aunque al principio él pensaba ¡que había llegado a Asia!

Vasco de Gama

En 1497, el explorador portugués de Gama fue el primer europeo que navegó desde Europa hasta la India.

Fernando de Magallanes

En 1519, el barco de Magallanes dio la vuelta al mundo, con lo que demostró que ¡la Tierra era redonda!

Impacto negativo

A menudo, los exploradores causaban problemas en los lugares que visitaban. Robaban tierras y tesoros, e iniciaron guerras. También causaron enfermedades y sufrimiento al expandir gérmenes que eran nuevos para las comunidades que vivían ya allí.

El cabo de Buena Esperanza

Otro marinero portugués, Bartolomeu Dias, fue el primer europeo que cruzó por el estrecho del sur de África, en 1488. Lo denominó «cabo de las Tormentas», pero más adelante fue rebautizado como cabo de Buena Esperanza.

Científicos en el mar

No todos los exploradores querían conquistar tierras. Algunos eran científicos que querían aprender más cosas sobre el mundo. Durante el siglo XVIII, gracias a las expediciones científicas la humanidad cambió su conocimiento del mundo.

Descubrimientos de Darwin

En 1835, el científico inglés Charles Darwin, a bordo del HMS Beagle, llegó a las islas Galápagos, en América del Sur, donde descubrió animales que habían evolucionado de formas distintas según la isla, dependiendo del tipo de alimento que tenían a su alcance para comer.

HMS Beagle

Descubrimientos sobre fringílidos

Darwin estudió los picos de los fringílidos que vivían en diferentes islas. Descubrió que sus picos debían de haber cambiado de forma con el paso del tiempo para que les fuera más fácil comer los insectos, semillas, frutas o flores concretos que se encontraban en cada isla.

Pinzón de Darwin picogordo

Pinzón de Darwin macias picomediano

Pinzón de Darwin chico

Pinzón de Darwin oliváceo

Más de 400 plantas y animales reciben su nombre en honor del científico Alexander von Humboldt.

Tortuga de las Galápagos

Viaje épico

El científico alemán Alexander von Humboldt partió en 1799 rumbo a América del Sur y estudió su vida salvaje, plantas, clima, corrientes y rocas. Sus descubrimientos tardaron 20 años en ponerse por escrito, ¡llenando 34 libros!

Mono ardilla de Humboldt

Recolector de insectos

Los científicos británicos Alfred Wallace y Henry Bates partieron rumbo a la selva amazónica, en América del Sur, en 1848. Allí recogieron unas 14 000 especies de insectos. ¡La mitad eran completamente nuevas para los científicos!

Mariposas del Amazonas

Piratas

¡Al abordaje! Los piratas navegaban en alta mar en busca de tesoros, y nada ni nadie podían interponerse en su camino.

Ladrones astutos

Los piratas de principios del siglo XVIII zarparon en veloces embarcaciones, en balandros y goletas, para tender emboscadas a las embarcaciones que pasaban por allí cargadas de bienes de lujo. Como se tiraban meses en el mar esperando, los barcos piratas estaban plagados de enfermedades y ratas.

La bandera Jolly Roger es famosa porque lleva una calavera con unos huesos cruzados.

Desfile de piratas

¡No todos los piratas llevan un parche en el ojo, un loro en el hombro ni tienen una pata de palo! Los piratas de la vida real podían ser viejos o jóvenes, hombres o mujeres, marineros diestros o absolutos principiantes. Aquí te presentamos a tres de los más famosos.

Henry Every

Este inglés asaltó un barco pirata indio en 1695. Huyó con un botín de medio millón de monedas de oro y de plata, ¡y nunca más le vieron el pelo!

Barbanegra

Este temible pirata inglés se colocaba cerillas encendidas bajo la barba para asustar a la gente. Este implacable saqueador atacó más de 40 barcos, a los que les robaba sus botines.

Ching Shih

La pirata china Ching Shih era propietaria de 2000 barcos: la Flota de la Bandera Roja. A los tripulantes que no la obedecían los castigaba sin piedad.

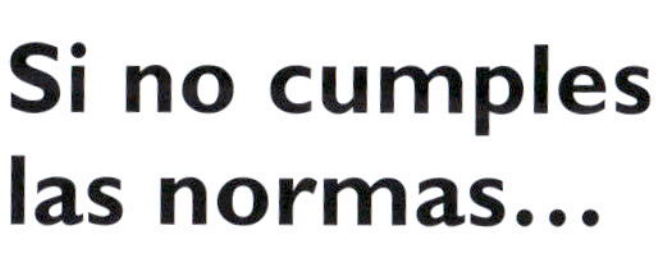

Si no cumples las normas…

A bordo de un barco pirata, lo que dice el capitán es ley. Si alguien no obedecía sus normas era castigado duramente: podían lanzarlo por la borda o abandonarlo en una isla remota.

La bandera Jolly Roger fue izada por primera vez en 1690 por parte de piratas franceses, como advertencia de que estaban a punto de atacar.

Barcos naufragados

A veces, las orillas y el fondo del mar son la última morada de los barcos que nunca regresan a casa. Con el paso del tiempo, la vida marina crece a su alrededor y estos barcos naufragados se convierten en hábitats oceánicos.

En el fondo marino podemos llegar a encontrar tres millones de barcos naufragados.

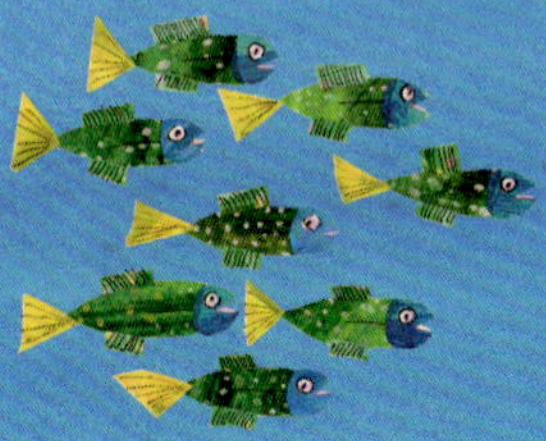

¡Caída libre!

Los barcos se hunden por numerosos motivos. Por culpa de tormentas, batallas navales o porque quedan encallados entre las rocas. A veces, simplemente tienen filtraciones, quedan inundados y desaparecen por debajo de las olas para siempre.

RMS Titanic

El transatlántico británico de lujo RMS Titanic chocó contra un iceberg y se hundió en 1912, en unos de sus primeros trayectos. Los submarinistas que visitaron el buque recuperaron muchos objetos: butacas, menús e incluso un violín que alguien tocaba mientras el barco se hundía.

Endurance

En 2022, en el mar de Weddell se descubrieron los restos del Endurance, el barco del explorador irlandés Ernest Shackleton. Esta embarcación quedó atrapada en el hielo en 1915 antes de naufragar. Por suerte, toda la tripulación pudo escapar antes de que el barco se hundiera.

Vasa

El buque de guerra sueco Vasa sufrió filtraciones de agua y se hundió durante su primer viaje en 1628. Recaló en el fondo del mar durante 333 años, hasta que lo subieron a la superficie en 1961. Este barco se puede ver hoy en día en el museo creado especialmente para esta embarcación.

Flor de la Mar

Se trata de una réplica del barco portugués Flor de la Mar. Se hundió en 1511, cargado con un tesoro valorado en 2500 millones de libras actuales. Los restos del barco no se han encontrado nunca… ¡ni tampoco su tesoro!

Misterios marinos

En los océanos reina el misterio. Historias de reinos perdidos, barcos fantasma, embarcaciones que desaparecen… todo capta nuestra atención y abre un montón de interrogantes.

Atlántida

Platón, un filósofo de la antigua Grecia, escribió sobre una ciudad llamada Atlántida, que se hundió bajo las olas después de un desastre natural. Desde entonces. la gente busca esta isla perdida. Un satélite ha localizado desde el espacio varias estructuras que parecerían una ciudad hundida ante la costa española, pero hasta este momento nadie ha investigado este enclave con atención.

Mary Celeste

En 1872, se encontró un barco a la deriva con el nombre de Mary Celeste en el Atlántico. No había ni rastro de la tripulación. Nadie sabe qué ocurrió, pero existen varias teorías: una ola gigante, el ataque de monstruos marinos o piratas, una tripulación de marineros borrachos o incluso se rumorea ¡que explotó su carga!

Triángulo de las Bermudas

Desde el siglo XIX como mínimo han desaparecido 50 barcos y 20 aviones sin dejar ningún rastro en un área del océano Atlántico conocida como el Triángulo de las Bermudas. También han desaparecido algunas misiones de rescate. Las explicaciones de estos episodios misteriosos van desde hechos fantasmales a olas terroríficas, pasando por fuertes tormentas.

Bloop

En 1997 se recogió un sonido ensordecedor en las aguas de EE. UU. Los científicos bautizaron este misterioso sonido como el «Bloop». Las teorías sobre su origen incluyen el canto de unas ballenas, un calamar gigante o una misión militar secreta. Hoy en día los expertos creen que fue un iceberg enorme que se separó del glaciar antártico.

Faros

Los barcos que navegan por los océanos pueden hacerlo tranquilamente gracias a los más de 20 000 faros que existen en todo el mundo. Estas luces de guía ayudan a los navegantes a esquivar rocas traicioneras en situaciones climáticas de lluvia o en plena noche.

Iluminando el camino

Los faros son torres construidas cerca de la orilla o sobre plataformas en el mar. En el pasado, los hacían funcionar los fareros, que vivían allí durante todo el día. Se aseguraban de que la luz, fuera de una chimenea o de una lámpara de aceite, no se apagara nunca. En días con mucha niebla, los fareros también hacían sonar una sirena.

Código de colores

A menudo, los faros están pintados de pies a cabeza de color rojo y blanco. El blanco sirve para que destaquen en la oscuridad de la noche o de las rocas. Pero estos colores también resaltan sobre fondos más claros, como los acantilados de pizarra.

Rayo de luz

Los faros actuales son eléctricos. Usan unas lentes potentes que aumentan la intensidad formando un haz de luz que se puede ver desde mucha distancia. Este haz de luz se controla a distancia, así que ya nadie vive en un faro.

Los haces de luz procedentes de los faros más potentes son visibles a 40 km de distancia.

Luces famosas

Pero no todos los faros son iguales. A continuación, te presentamos tres de los más famosos e históricos del mundo.

Maravilla antigua

El Faro de Alejandría fue un faro espectacular construido en Egipto en el año 280 d. C. Fue destruido por una guerra y un terremoto durante el siglo XIV.

Faro de referencia

El faro de la Estatua de la Libertad, en Nueva York, EE. UU., no emitía bastante luz y era demasiado caro tenerlo en funcionamiento. En 1902 se cerró como faro.

¡Que siga la luz!

El faro del cabo de Hook, en Irlanda, es uno de los faros en funcionamiento más antiguos del mundo. Los visitantes pueden subir por la escalera en espiral de esta torre del siglo XII.

Barcos formidables

Los barcos más grandes del mundo son tremendamente inmensos. Los barcos de contenedores y tanques transportan mercancías a través del océano. Los cruceros son zonas recreativas flotantes y los portaaviones sirven de aeropuertos móviles.

Apilados en barcos

Un portacontenedores puede transportar 4000 contenedores él solo. Existen unos 50 000 barcos de este tipo, que mueven más de 200 millones de contenedores al año. Por culpa de temporales en alta mar, cada año se caen al agua unos 10 000 contenedores.

Transporte de contenedores

En el pasado, era complicado transportar mercancías de diferentes formas y tamaños. Pero eso cambió en los años cincuenta del siglo XX gracias a los contenedores. Estas inmensas cajas metálicas se pueden apilar bien unas sobre otras, lo que facilita el transporte y hace que sea más eficiente y barato.

Encallado en Suez

En 2021 saltaron todas las alarmas cuando el portacontenedores Ever Given se quedó encallado en el canal de Suez. Este canal es un atajo fundamental entre Europa y Asia, que usan unos 50 barcos al día. El Ever Given bloqueó el canal durante seis días, ¡provocando un atasco de casi 400 barcos!

Embarcaciones gigantescas

Estos tres barcos sirven para entretener a turistas, transportar combustible o, incluso, son una escapatoria móvil.

Un imponente crucero

Los cruceros son barcos flotantes. Los más grandes pueden llegar a transportar hasta 7000 turistas, y cuentan con tiendas, restaurantes, gimnasios y salas de cine.

Transporte de combustible

Los superpetroleros pueden transportar millones de barriles de petróleo a la vez. Sus tanques tienen que ser superseguros, para prevenir cualquier fuga que ponga en peligro la vida salvaje.

Aeropuerto oceánico

Los portaaviones ofrecen bases aéreas móviles para los aviones y helicópteros militares. El mayor portaaviones en servicio del mundo mide más de 330 m de largo.

Embarcaciones subacuáticas

Estas resistentes embarcaciones oceánicas están diseñadas especialmente para soportar presiones acuáticas extremas. Gracias a eso, nos regalan unas imágenes alucinantes del mundo submarino.

Batiscafos

Estas pequeñas naves se separan de un barco que está en la superficie para investigar a grandes profundidades. Hay muy pocos que lleven tripulantes, y la mayoría se operan a distancia desde el barco.

Las aventuras de Alvin

Desde su lanzamiento en 1964, el submarino Alvin ha completado 5000 inmersiones. ¡Qué trabajador! Ha descubierto gusanos de tubo gigantes y exploró los restos del archifamoso Titanic. ¡Alvin ha sobrevivido al ataque de un pez espada!

Hay algunos submarinos nucleares que ¡pueden permanecer debajo del agua 25 años!

Submarinos para merendar

El tiburón cigarro, del tamaño de un gato, es un tragón: incluso puede zamparse un submarino. Los mordiscos de este tiburón causaron tantos daños a los submarinos del ejército estadounidense que tuvieron que ponerles unas capas de fibra de cristal protectoras alrededor.

Periscopio para observar la superficie

Submarinos

Los submarinos son navíos tripulados que operan a grandes profundidades. Algunos se usan en misiones militares. Otros exploran los océanos y estudian la vida marina. Si la tripulación lleva bastante comida y bebida, los submarinos pueden pasarse largos periodos de tiempo bajo el agua.

Propulsor

Arriba y abajo

Los submarinos se mueven arriba y abajo usando contrapesos. Cuando los tanques están llenos de agua, el submarino pesa más y se hunde. Cuando se vacían, la embarcación pesa menos y vuelve a ascender.

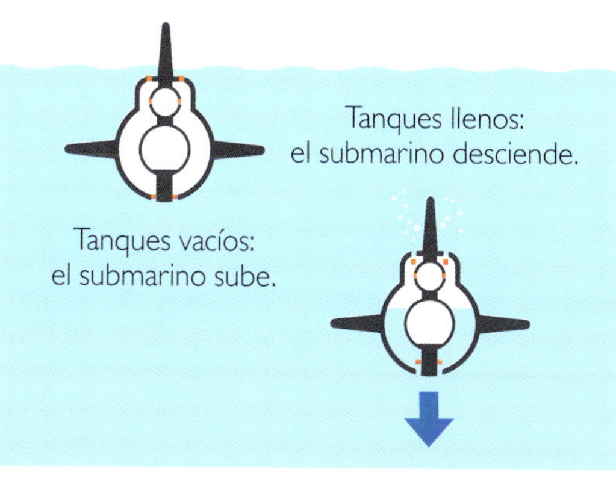

El primer submarino de la historia lo construyó el inventor neerlandés Cornelius Drebbel en 1620.

Botes salvavidas con tecnología punta

Los botes salvavidas llevan radares y sistemas por satélite para navegar con máxima precisión. Además llevan unos focos ultrabrillantes para ver de noche o en situaciones con mala visibilidad, así como también boyas salvavidas, mantas, kits de primeros auxilios y comida para la gente que rescatan.

Rescates en el mar

Con unas fuertes corrientes, costas escarpadas y un clima impredecible, el océano puede ser un lugar peligroso. Por suerte, los servicios de rescate de emergencias siempre están a la espera de salvar barcos, marineros y bañistas.

Ayuda de emergencia

Antiguamente, los barcos no se construían teniendo en mente la seguridad y, por tanto, no llevaban botes salvavidas, por eso muchos navegantes perdían la vida. Hoy en día, los guardacostas y las tripulaciones de rescate llevan embarcaciones construidas especialmente para ir a rescatar a marineros en apuros.

Rescate aéreo

Los helicópteros son perfectos para las emergencias en pleno océano. Pueden llegar a un lugar a toda velocidad y son un punto de observación privilegiado. Los tripulantes usan cuerdas para ayudar a subir a los supervivientes o para bajar chalecos salvavidas al agua, consiguiendo así que los supervivientes se mantengan a flote hasta que lleguen los botes salvavidas.

El bote salvavidas está diseñado para ponerse de nuevo bocarriba si vuelca.

Salvavidas

Si a un bañista lo arrastra la corriente mar adentro, si un buceador queda atrapado entre los restos de un barco hundido, si a un barco de pesca le pilla una fuerte tormenta o si una lancha queda encallada entre las rocas, podemos avisar a los equipos de rescate, que, con unas embarcaciones resistentes y una tripulación bien preparada, salvan miles de vidas.

Héroes de rescate

Salvadores a nado

Los socorristas son nadadores muy fuertes entrenados para salvar vidas. Usan tablas de rescate para arrastrar a los bañistas en apuros hasta la orilla.

Defensores caninos

Los perros de rescate acuático están entrenados para rastrear a gente bajo el agua. Saltan desde la costa, se dejan al lado de un naufragio con un helicóptero o viajan con las tripulaciones de los barcos salvavidas.

Botes preciosos

Los veleros ligeros tienen un solo mástil y espacio para una o dos personas, como mucho. Como el resto de los barcos de vela, se mueven con la fuerza del viento.

Barcos pequeños

Si hablamos de barcos, ¡más grande no significa mejor! Las embarcaciones pequeñas suelen ser más ligeras, más rápidas y más fáciles de conducir.

Velocidad por las venas

Esta rápida lancha funciona con un motor diseñado para viajar a altas velocidades o carreras. Gracias a su peso ligero y diseño aerodinámico, parece que vuele sobre el agua.

Carreras oceánicas

Los dos cascos paralelos de un catamarán mejoran su rendimiento y estabilidad en el agua. Son las embarcaciones que compiten en la carrera America's Cup, en la que alcanzan velocidades que ¡doblan la del viento!

Ayuda en el puerto

Los remolcadores son pequeños pero matones. Su función es arrastrar barcos enormes a través de las estrechas entradas de los puertos. Cuentan con motores potentes, cuerdas de acero y un fácil manejo.

Flotando por el aire

Las barcas inflables están hechas de goma reforzada llena de aire. Estos barquitos se mueven a remo o a motor. Navegan sorprendentemente rápido, ¡siempre que no choquen contra las rocas!

El poder de los remos

Las canoas avanzan por el agua gracias a la fuerza de los remos. Aunque en el pasado eran de madera o caña, hoy en día la mayoría son de plásticos ultrafuertes o de fibra de vidrio.

Windsurf

Este deporte es una mezcla emocionante del surf y de la vela. Una única vela pegada a una tabla usa la fuerza del viento para mover la tabla de windsurf a través del agua.

Parasailing

En este deporte, el paracaidista está atado a una especie de paracaídas, que es arrastrado por una lancha motora. Cuando la barca aumenta de velocidad, el paracaídas asciende sobre el agua y… ¡a disfrutar de las vistas!

Deportes de agua

El océano es el parque más grande de la Tierra. No es necesario que tengas una barca para divertirte dentro del agua, por encima o por debajo de las olas.

Bajo la superficie

Basta con una máscara y un tubo para poder descubrir la vida marina existente bajo el agua: hablamos del *snorkel*. En cambio, los submarinistas usan una botella de oxígeno y un equipo especial para respirar mientras exploran el fondo del mar.

Snorkel

Buceo

Surf

Los surfistas se sirven de una tabla plana para moverse sobre las olas del océano hasta llegar a la orilla. A los antiguos polinesios les encantaba surfear, pero sigue siendo un deporte popular en cualquier rincón del mundo donde haya olas y viento.

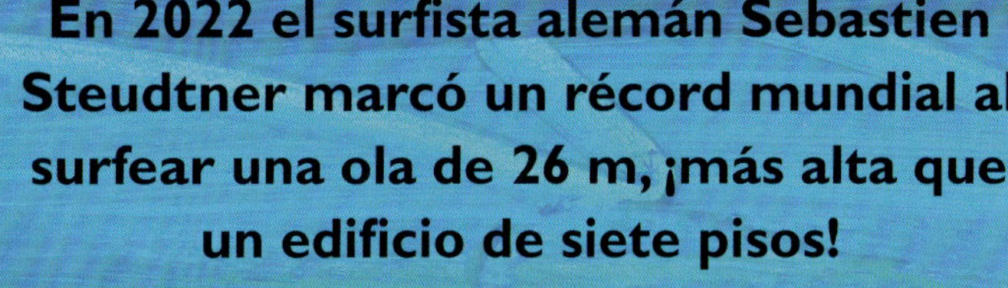

En 2022 el surfista alemán Sebastien Steudtner marcó un récord mundial al surfear una ola de 26 m, ¡más alta que un edificio de siete pisos!

Esquí acuático

En este deporte de velocidad, el esquiador acuático lleva dos esquíes bajo los pies y se une a una lancha motora con un cable. ¡Solo tienes que echarte hacia atrás y a disfrutar del paseo!

Paddle surf

Si prefieres un deporte más tranquilo, ¿por qué no pruebas con el *paddle surf*? En un día tranquilo, puedes ir de pie o de rodillas sobre la tabla y remar para moverte.

Pesca

La pesca es una de las industrias más antiguas de la Tierra. Durante miles de años, la gente salía a pescar para alimentarse, o bien se convertía en su modo de vida al vender lo que capturaban.

Formas tradicionales

Los conocimientos sobre el arte de la pesca suelen pasar de generación en generación. Aunque hoy en día existen métodos de pesca muy modernos, muchas comunidades siguen sus tradiciones como modo de preservar su cultura. Millones de personas siguen viviendo de la pesca tradicional.

Dar en el blanco

Aparte de cañas de pescar, la gente usa todo tipo de utensilios para pescar peces y venderlos o comérselos. En Filipinas, el pueblo tagbanua sale a nado y caza peces con unas piedras afiladas. En el océano Ártico, los inuit cazan peces espada con unos arpones con la punta de acero.

Dieta a base de pescado

El pescado es rico en proteínas, que son esenciales para la salud de nuestro cuerpo. El pescado azul, por ejemplo la caballa y las sardinas, también ayuda a que nuestro cerebro rinda mejor. Los islandeses y los maldivos son los que más pescado comen en todo el planeta.

Antiguos pescadores

Durante miles de años, la pesca fue un negocio a pequeña escala. Los primeros pescadores usaban elementos naturales para pescar: creaban redes a base de hierba o lino, y cañas de madera o bambú. Echaban las redes al mar desde la orilla o desde barcos pequeños.

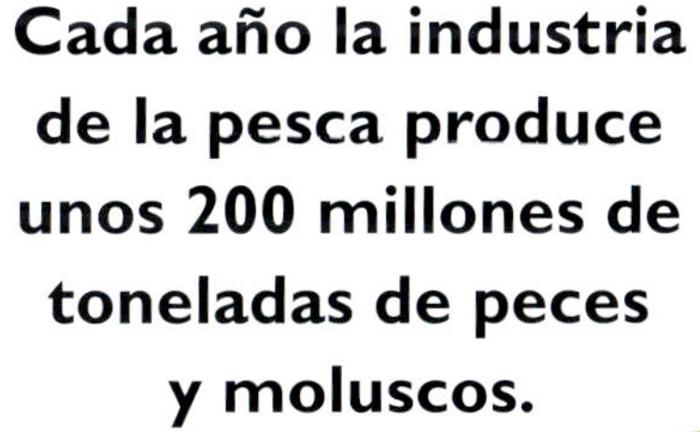

Cada año la industria de la pesca produce unos 200 millones de toneladas de peces y moluscos.

Métodos modernos

Las técnicas de pesca se han ido modernizando con el paso del tiempo. Hoy en día el hilo de pesca está hecho de nailon fuerte y elástico o kevlar. Los grandes barcos pesqueros arrastran redes gigantes por el suelo del océano. Con ellas pueden levantar centenares de peces y moluscos a la vez.

Barcos de arrastre problemáticos

Los barcos arrastreros de gran tamaño pescan cantidades ingentes de peces. Pero al arrastrar sus redes pesadas por el suelo del océano, destrozan los hábitats marinos. Y si los delfines, focas, tiburones o tortugas marinas se enredan en ellas, estos animales pueden sufrir varias heridas o incluso ahogarse.

Sobrepesca

Si pescas muchos peces a la vez, significa que no dejas casi ninguno en esa área para que puedan seguir creciendo y reproduciéndose. Lo que provoca que el número de peces caiga en picado y que se conviertan en especies en peligro de extinción. Los depredadores que basan su supervivencia en la ingesta de esos peces también quedan muy afectados.

Pesca sostenible

Cuanto más crece la población del mundo, más aumenta la demanda de pescado para comer. Es importante que los peces se pesquen de forma segura y sostenible, para que los océanos puedan seguir desarrollándose.

Unos banderines sirven como espantapájaros para evitar que los pájaros se acerquen demasiado a los hilos de pesca.

Solución sostenible

La solución a la sobrepesca es la pesca sostenible: pescar peces a un ritmo más lento para que tengan tiempo de crecer y reproducirse. La pesca sostenible sigue unas normas sobre qué peces hay que pescar, cuándo, cuántos y con qué métodos.

Puedes ayudar a la vida marina comprando pescado con una etiqueta que diga que se ha pescado con métodos sostenibles.

Piscifactorías

Una piscifactoría es como una granja de vacas pero en el mar. Los peces o moluscos se crían en tanques y piscinas al lado de la costa. Se alimentan y se cuidan para que estén sanos. Cuando han crecido bastante, se venden a mercados locales o se venden al exterior.

Ideas de salvamento

Pequeños cambios en la forma de pescar pueden marcar una gran diferencia para conseguir que la vida salvaje sobreviva y evolucione.

Las aves, como este petrel, pueden enredarse con los hilos de las cañas de pescar al intentar comerse el cebo. Colocar unos banderines en los hilos sirve para que las aves no se acerquen y estén a salvo.

Los mamíferos marinos, como esta marsopa, pueden quedar atrapados en redes para gambas. Ponerles unas lucecitas ayuda a que se mantengan alejados del peligro.

Existen unos dispositivos de escape para tortugas llamados TED que se colocan en una red de arrastre para impedir que las tortugas de mar queden atrapadas.

Laboratorio viviente

El proyecto BioRock estudia varias formas de preservar los arrecifes de coral existentes o de desarrollar algunos nuevos. Una manera es introduciendo arrecifes metálicos preparados, que los corales usan como casa para crecer.

Este arrecife a base de bicis recicladas en el norte de Bali representa un hábitat saludable para corales multicolor.

Arrecifes artificiales

No todos los arrecifes son creados por la naturaleza; a veces, los generan las personas en aras de la seguridad, para preservar los ecosistemas marinos o, simplemente, ¡para practicar deporte o divertirse!

La seguridad es lo primero

Las islas y líneas costeras se pueden proteger con arrecifes artificiales. Estas barreras de seguridad se construyen especialmente para reducir el impacto del mal tiempo y de la erosión causada por la fuerza de las olas.

En las Maldivas, los arrecifes sirven para proteger las islas tropicales bajas de tormentas e inundaciones.

Estructuras hundidas

Hay arrecifes que se pueden crear instantáneamente a partir de estructuras hundidas a raíz de un naufragio: barcos, plataformas petrolíferas o incluso vagones de tren. En 2006 se hundió el portaaviones estadounidense USS Oriskany, convirtiéndose en el mayor arrecife artificial del mundo.

El Oriskany, apodado «El gran arrecife portaaviones», pesa 40 000 toneladas.

¡En la antigüedad, la gente construía arrecifes para alejar de sus aguas a los barcos piratas!

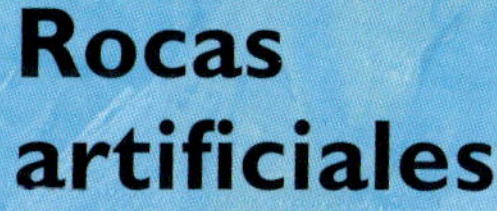

Rocas artificiales

Los bloques de hormigón que encontramos en el fondo del mar están diseñados con la misma función que los arrecifes naturales. Tienen muchos agujeros para que los peces u otras criaturas marinas naden a través de ellos o se protejan dentro.

Las esponjas y los corales se instalan en las superficies rugosas de estos bloques.

Emergencia climática

Los cambios en el clima de la Tierra están calentando nuestros océanos. Este cambio climático afecta a algunos animales marinos y a sus hábitats, pero hay mucha gente trabajando para descubrir la forma de proteger nuestros océanos en el futuro.

Hielo derretido

Las temperaturas más cálidas están fundiendo el hielo del Polo Norte y del Polo Sur. Animales, como los osos polares y las morsas, necesitan del hielo para desplazarse y cazar a sus presas. Sin él, podrían quedarse sin alimento.

Aumento del nivel del mar

Al derretirse el hielo de los polos, los niveles del mar aumentan. Además, si el agua se calienta, los niveles del mar suben aún más. La gente que vive al lado de la costa padece inundaciones y, si las playas quedan bajo el agua, las tortugas no tienen donde poner sus huevos.

¿Qué es el cambio climático?

Los combustibles fósiles, como el carbón y el petróleo, se queman para crear energía, que alimenta máquinas y calienta o enfría edificios. Pero quemando estos combustibles se liberan gases que atrapan el calor en nuestra atmósfera. Esta atmósfera más cálida, entonces, provoca cambios en los patrones climáticos de todo el planeta.

Pérdida de color de los corales

La temperatura más alta de los mares pone en peligro los arrecifes de coral. Estas temperaturas elevadas alteran tanto su color que se va volviendo blanco y se acaba muriendo en un proceso denominado blanqueamiento del coral. Y, en consecuencia, los animales marinos que se alimentan de los corales se quedan sin sustento.

Océanos ácidos

Estos gases dañinos en la atmósfera de la Tierra provocan que nuestros océanos sean menos salados y más ácidos. Las aguas ácidas son nocivas para crustáceos como los cangrejos o las langostas. La disminución de moluscos afecta, entonces, a los depredadores más grandes, que los necesitan para sobrevivir.

Vertidos de petróleo

Si se vierte al mar la carga de un petrolero, los ecologistas actúan de inmediato para proteger los hábitats y la vida marina. Las aguas de nuestro planeta también corren el riesgo de que se derramen en ellas químicos y residuos a diario.

Un problema de extensión

El petróleo derramado que flota sobre la superficie del agua se conoce como marea negra. El viento, las olas y las corrientes pueden extender esa mancha a un área mucho más amplia. Además de contaminar el mar, las olas arrastran el petróleo hasta la playa y se filtra en la arena.

Limpieza

El petróleo es un material pegajoso, muy complicado de eliminar. Los *skimmer* succionan el petróleo de la superficie. Además, existen unas bombas diseñadas para frenar la propagación del petróleo. Y, en el caso de las costas, se limpian con mangueras, palas y detergentes.

Caos marino

Que se vierta petróleo puede dañar la vida salvaje marítima. Si se les engancha a las alas o a la piel, los animales flotan o se mueven peor o les cuesta más mantenerse calentitos. Luego, en caso de que consigan limpiarse a sí mismos, se tragan el petróleo y enferman.

Transportadores peligrosos

Los petroleros son embarcaciones enormes que transportan cantidades ingentes de petróleo por mar a diario. Sin embargo, si los azota una tormenta o chocan contra una roca u otros barcos, la carga de petróleo puede derramarse al mar.

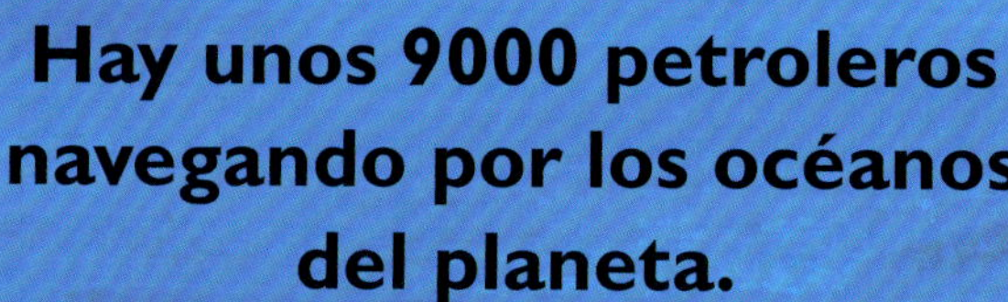

Hay unos 9000 petroleros navegando por los océanos del planeta.

Rescate de animales salvajes

Los equipos de rescate se entrenan para ayudar a los animales marinos. Lavan a los peces, las aves y los mamíferos con agua y jabón, con cariño y mucho cuidado. Cuando están lo bastante limpios, se devuelven a sus hábitats naturales.

Contaminación del agua

El vertido de petróleo no es el único problema al que se enfrentan nuestros océanos para mantenerse limpios.

Contaminación química

Los productos químicos de las industrias y los fertilizantes usados en granjas pueden filtrarse a los ríos y terminar en medio del océano.

Aguas residuales apestosas

Las aguas residuales (que provienen de nuestros lavabos) a veces se lanzan al mar sin ser tratadas adecuadamente primero.

Residuos peligrosos

En algunos países, aún es habitual que los residuos de algunas fábricas y centrales eléctricas se viertan al mar.

Productos plásticos

El plástico es muy popular porque es un material resistente y barato de fabricar. Sin embargo, hay muchos productos de plástico, entre ellos botellas de agua y bolsas de la compra, que solo se usan una vez y luego se tiran. Se llaman plásticos de un solo uso.

Marea de plástico

El plástico no deseado suele terminar en los océanos. El viento y la lluvia arrastran basura hacia los ríos y los mares. El plástico se deja llevar por la corriente y desemboca en el mar. Las mareas se llevan el plástico que encuentran en la orilla, ensuciando nuestras playas.

Contaminación por plásticos

El plástico se ha convertido en una parte esencial de nuestras vidas. No obstante, millones de toneladas terminan en nuestros océanos, convirtiéndolos en vertederos acuáticos.

Microplásticos

El plástico sigue siendo un problema cuando se descompone en trocitos, llamados microplásticos. Las criaturas pequeñas que viven en el mar se los tragan. A estas criaturas se las comen peces, que, a su vez, se los comen los humanos. A una velocidad sorprendente, todos los animales de la cadena alimentaria terminan con microplásticos dentro.

Hay aves, como los albatros, que por accidente pueden acabar alimentando a sus polluelos con plásticos.

Una mancha de basura en el Pacífico

Una especie de isla de basura, llamada la gran mancha de basura del Pacífico, ocupa una superficie de 1,6 millones de kilómetros cuadrados en medio del océano Pacífico, entre América del Norte y Asia. Las corrientes oceánicas mantienen los residuos plásticos en un movimiento circular continuo.

Efectos a largo plazo

Los plásticos tardan años en descomponerse, de modo que, una vez en el océano, no se mueven de allí. Los animales marinos pueden quedar atrapados en productos de plástico, como las anillas que sujetan las latas. Las tortugas laúd confunden las bolsas de plástico con medusas e intentan comérselas.

Salvemos nuestros mares

Nunca es tarde para actuar. Hay todo tipo de organizaciones que se encargan de limpiar los océanos y las costas, y ¡todo el mundo puede colaborar con ellas, tú también!

Limpiadores de costa

Marca el 16 de septiembre en tu calendario. Es el Día Internacional de Limpieza de la Costa: personas de más de 150 países participan en actos para limpiar las playas de sus alrededores, personas que tienen ganas de que vuelvan a ser un paraíso.

Observación de océanos

La fundación Ocean Cleanup manda barcos a localizar plásticos en el mar y luego a recogerlos con redes gigantes. Todos esos residuos se llevan a tierra firme para reciclarlos. Hasta el momento, han recogido 200 000 kg de plásticos en los océanos.

Pequeños recolectores

El 3 es el número mágico de la fundación australiana Take 3 for the Sea. Se pide a todo el mundo que recoja tres cosas de basura cada vez que vaya a la playa. Si lo hiciéramos a nivel mundial, ¡a nuestras playas les luciría mucho más! Si decides participar en esta iniciativa, recuerda llevar unos guantes para recoger la basura y hazlo siempre al lado de una persona adulta.

Cómo puedes ayudar

Puedes contribuir de muchas formas. Incluso los gestos más pequeños son esenciales. Repasa la siguiente lista.

Cuando vayas a la playa, llévate siempre a casa la basura y recicla todo lo que puedas.

Usa una botella de agua reutilizable, en vez de comprar botellas de plástico de un solo uso.

Usa una fiambrera cuando vayas de picnic y no uses pajitas ni cubiertos de plástico.

Cada vez que vayas a comprar, lleva una bolsa reutilizable.

Conservación de océanos

Proteger nuestros océanos es vital para el futuro de los ecosistemas marinos. Existen muchos proyectos y planes que se llevan a cabo con este objetivo.

Lugares protegidos

Algunas zonas del océano son áreas marinas protegidas (AMP). En ellas está prohibida la construcción y la pesca está restringida para que la vida marina pueda vivir en paz. El mar de Bass, en el océano Austral, es una AMP de una extensión de 1,5 millones de km^2. El área protege a la mayor parte de los pingüinos del mundo y a muchos tipos de ballena.

Salvemos a los tiburones

En Indonesia, se cazaron tantos tiburones cebra que casi se extinguieron. Por eso, en 2023 se creó un programa para criar 500 tiburones cebra en cautividad y luego liberarlos en sus hábitats naturales. La primera pareja, cuyos nombres eran Charlie y Kathlyn, ya viven en su nuevo hogar en el océano.

Seguimiento

Los científicos pueden realizar un seguimiento de los animales marinos, como los tiburones, con unas etiquetas electrónicas inocuas. Estas recogen datos esenciales sobre los hábitats de los animales, así como también las condiciones que los rodean. Eso nos ayuda a planear mejor formas para preservar la vida marina y sus ecosistemas.

Existen más de 15 000 AMP, que protegen un 8 % de los océanos.

Pingüinos rey

Vacaciones sin riesgo

El ecoturismo es un tipo de turismo que se propone reducir al máximo los impactos en el medio ambiente. El dinero que se gastan los turistas contribuye a planes de conservación. Los expertos asesoran a los turistas para que puedan seguir disfrutando de la navegación, del avistamiento de ballenas y delfines, del *snorkel* y del submarinismo, asegurándose de que no perjudican el océano.

Tortugas al poder

Las tortugas verdes de las islas Caimán estuvieron a punto de extinguirse porque la gente se llevaba sus huevos. Los ecologistas construyeron unos refugios especiales para que pudieran ponerlos a salvo, y luego liberaban a las tortugas que se habían criado en cautividad. El programa ha sido todo un éxito y la población de tortugas está en crecimiento.

Tortuga verde

Energía oceánica

Nuestros océanos tienen el potencial de ofrecernos energía ¡ilimitadamente! Los científicos trabajan para aprovechar las corrientes, los vientos y las mareas a fin de fabricar energía que sea barata, limpia y renovable.

Energía infinita

Los combustibles fósiles como el carbón y el petróleo, que se extraen del interior de la Tierra, se están terminando. Además, esta extracción perjudica nuestro entorno. El océano puede ser una fuente de energía más limpia. Asimismo, la energía generada por la fuerza de las olas siempre estará disponible, porque las olas nunca dejan de moverse.

Plataforma petrolífera en el océano Pacífico.

Energía solar

Los rayos de sol son capturados en paneles solares para producir energía, y hoy en día los científicos están pensando vías para que estos paneles puedan funcionar en el mar. Esta planta solar flotante se está probando en el mar del Norte, en la costa británica.

Energía eólica

Unas turbinas eólicas gigantes en el mar aprovechan la energía natural del viento. Al girar las aspas, un generador convierte la energía del viento en electricidad. Existen unos 400 000 aerogeneradores repartidos por el mundo.

Un 30 % de la energía mundial proviene de fuentes renovables.

Energía de las mareas

Las mareas que suben y bajan se pueden aprovechar también para crear energía. En Corea del Sur, en el lago Sihwa, encontramos la mayor planta mareomotriz del mundo. Genera energía a partir de los cambios de los niveles del agua: recoge agua cuando la marea sube y la libera cuando baja.

Energía hidroeléctrica

El agua que flota en ríos, lagos y océanos se usa para hacer girar unas turbinas y producir energía hidroeléctrica. Una presa controla el flujo del agua. La presa de las Tres Gargantas, en el río Yangtsé, en China, es la más grande del mundo.

El canto de las ballenas genera unas ondas que viajan a través del agua.

Los poderes de la ciencia

La ciencia está detrás de las importantísimas nuevas tecnologías que nos ayudan a entender los océanos y a sacar el máximo provecho de sus tesoros.

¡Las algas y las plantas acuáticas de nuestros océanos producen la mitad del oxígeno del mundo!

Plantas desalinizadoras

En estas plantas, se separa la sal del agua del mar para conseguir agua potable. Esta inmensa planta de Arabia Saudí, dotada de alta tecnología, procesa 728 millones de litros de agua de mar a diario.

Granjas de algas

En Asia, hay granjeros que cultivan algas usando máquinas flotantes con unas cuchillas afiladas que las cortan. Las algas son un alimento importante, y también se usan para fabricar artículos de limpieza personal, fertilizantes y medicinas.

Sonidos acuáticos

El hidrófono es un dispositivo de escucha subacuático. Se usa para recoger actividades submarinas, como erupciones volcánicas o el canto de las ballenas. Las ballenas cantan para comunicarse entre ellas. ¡Sus melodías se pueden escuchar desde una distancia de 16 000 km!

Medicinas marinas

Los océanos nos proporcionan muchas medicinas útiles. El veneno de los cónidos se usa en analgésicos. Las bacterias localizadas en los fiordos noruegos se usan para producir antibióticos para combatir infecciones.

Sistemas sonoros

El sonar se usa para estudiar las profundidades del océano. Desde un barco, las ondas sonoras se mandan hacia el fondo del mar. Los científicos miden lo que tardan en volver a la superficie. Usan ese dispositivo para calcular la distancia hasta el fondo.

El receptor detecta ecos y calcula distancias.

Los pulsos de ultrasonido se mandan hacia el fondo.

Las ondas sonoras chocan contra el fondo y rebotan hacia el barco.

Océanos increíbles

Montañas marinas

Las montañas se forman por todo el fondo del mar. Algunas sobresalen por la superficie del agua, pero la mayoría quedan enterradas bajo el mar.

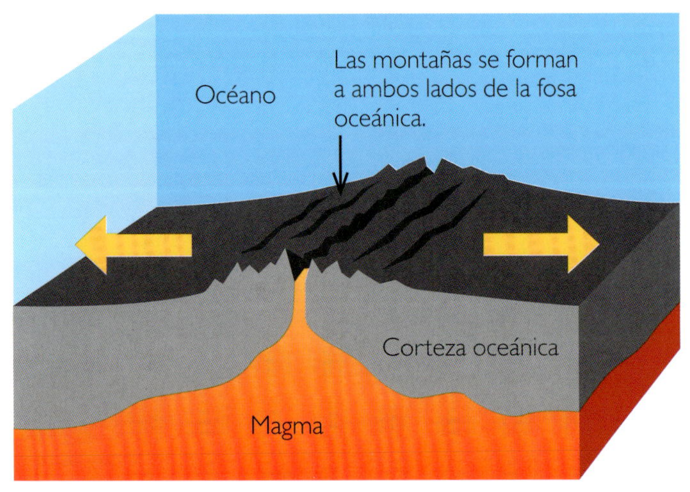

Cordilleras subacuáticas

Cuando las placas tectónicas de la Tierra se separan, el magma caliente que reside por debajo se vierte a los océanos. Emana a temperaturas sofocantes, pero se enfría rápidamente creando montañas rocosas. Juntas, estas montañas subacuáticas forman largas cordilleras, como las que tenemos en tierra firme.

Pico más alto

Todos sabemos que el monte Everest, en el Himalaya, es la montaña más alta del mundo. Pero si las montañas se midieran desde el fondo del mar, ¡el premio lo ganaría otra! El Mauna Kea, en Hawái (EE. UU.), es más alto, pero solo una parte sobresale por encima del mar.

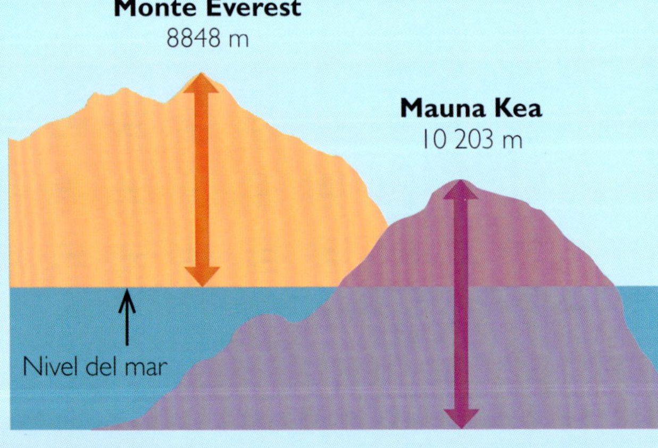

Puntos calientes

El magma caliente puede derretir las partes más finas de la plataforma oceánica y atravesarla. La lava es expulsada al agua formando un volcán. A medida que la plataforma se mueve poco a poco por esta área caliente, una serie de erupciones crean grupos de islas volcánicas.

Isla de fuego

¡El Kīlauea siempre está en acción! Este volcán de la isla de Hawái lleva en erupción desde 1983, sin interrupción. Por eso no es extraño que se haya ganado la etiqueta del volcán más activo del mundo. Cada año unos 2,5 millones de turistas lo visitan para disfrutar de estas vistas asombrosas.

Profundidad de una fosa media

La inmersión más profunda

El punto más profundo de la Tierra es la fosa de las Marianas, en el océano Pacífico. Contra todo pronóstico, dos valientes exploradores la visitaron en 1960, convirtiéndose en la inmersión más profunda de la historia.

Fosa de las Marianas

Bajo presión

La fosa de las Marianas tiene una profundidad de casi 11 km. Se encuentra entre Japón y Australia, y se formó cuando una placa tectónica se deslizó bajo otra. En el fondo de la fosa, la presión del agua es tremenda. Se ha descrito como «si un elefante te pisara el dedo gordo del pie».

En el abismo

El 23 de enero de 1960, el explorador suizo Jacques Piccard y el científico estadounidense Donald Walsh se montaron en su submarino Trieste. Empezaron el descenso hacia la fosa y llegaron al fondo en cinco horas.

El llanero solitario

En 2012 el director de cine James Cameron se convirtió en la tercera persona en llegar al fondo de la fosa de las Marianas. Hizo el descenso en dos horas y media, en su submarino, el Deepsea Challenger, especialmente creado para esta misión. Cameron aún tiene el récord de la inmersión en solitario más profunda de la historia.

La vida de las profundidades

Jacques Piccard distinguió un pez en el fondo de la fosa, lo que demostraba que existe vida allí. Desde entonces, otros exploradores han visto medusas, gusanos y anfípodos minúsculos. El descubrimiento de una bolsa de plástico en la fosa en 2019 puso en evidencia el grave problema de la contaminación por plástico existente en nuestros océanos.

En 2017 los científicos encontraron un nuevo animal en la parte más honda de la fosa. Lo bautizaron como el pez caracol de las Marianas.

Sirenas y monstruos

La historia está llena de leyendas sobre criaturas oceánicas increíbles. Pero ¿son de verdad o mitos? Decídelo tú...

La leyenda cuenta que Cristóbal Colón, explorador del siglo xv, confundió un manatí con una sirena. Sin embargo, ¡no sabemos si tenía muy buena vista!

Sirena

Desde la Antigüedad, los marineros han descrito que han visto sirenas con cabeza y cuerpo de mujer, y cola de pez. Para muchos, las sirenas son un símbolo de la belleza del océano. En cambio, otros creen que son un presagio de tormentas en alta mar y naufragios.

Sirenas

¡No te acerques a una sirena! Según la mitología griega, las sirenas eran un grupo de mujeres que vivían en una isla remota y que deleitaban a los marineros con preciosas canciones. Pero su objetivo cruel era atraer a los navegantes hacia la muerte provocando que sus barcos chocaran contra las rocas.

Hidra

Esta serpiente de la mitología griega tenía nueve cabezas. Hidra se desliza a través del mar, contaminando el agua con su terrible aliento. A Heracles se le asignó la ardua tarea de ¡cortarle todas sus cabezas y quemarlas para que no le volvieran a salir!

Kraken

Este gigantesco monstruo marino escandinavo usaba sus tentáculos para arrastrar a los barcos hasta el fondo del mar. El kraken ahogaba o se comía a la tripulación, según de qué humor estuviera ese día. Las descripciones de los marineros son parecidas a las de un calamar gigante, de modo que esta leyenda podría basarse en hechos reales.

Cardumen

«Cardumen» tiene nombre de deporte emocionante. Pero en realidad es un truco ingenioso que usan algunos peces para mantenerse a salvo en los océanos.

Bancos seguros

Los grandes depredadores son un peligro mortal para los peces pequeños. En medio del océano, no hay costas rocosas ni arrecifes de coral que sirvan de escondite. La mejor oportunidad que tienen estos animales para sobrevivir es mantenerse unidos. Los peces pequeños suelen nadar en bancos, porque es más seguro para todos.

A jugar

Cuando un tiburón hambriento aparece en escena, el pez anzuelo tienen que actuar rápido. Empiezan a arremolinarse peces hasta formar un gran banco, mucho más grande que el tiburón. Es más fácil de distinguir, cierto, pero es más complicado que el tiburón se coma los peces sueltos.

La forma más segura

La forma más segura para protegerse es la esférica. Los peces del interior están protegidos por los del exterior. Estos parece como si se fusionaran, creando una especie de nube difusa para confundir a los depredadores, que intentan, sin éxito, distinguir un pez para zampárselo.

¡Se han descubiertos bancos de sardinas de 20 m de ancho!

En círculos

Los submarinistas han grabado imágenes asombrosas de cardúmenes en movimiento. Los peces nadan en forma de pack, muy juntitos, girando sin parar. Este intento desesperado de sobrevivir puede durar más de 10 minutos antes de que un depredador los ataque, o bien se rinda y se marche nadando.

Los más rápidos del lugar

Los océanos contienen todo tipo de viajeros, desde ultrabólidos hasta tartanas que se limitan a ver pasar el mundo subacuático…

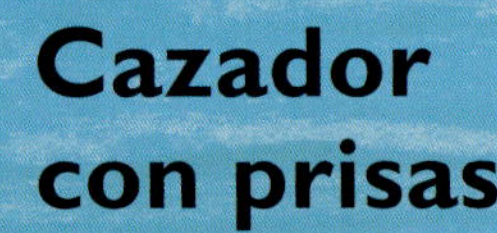

Cazador con prisas

Aquí tenemos al mamífero marino más rápido del mundo. Se han registrado orcas desplazándose a 55 km/h en el océano Pacífico. Usa su gran velocidad para cazar focas, peces y aves marinas.

Orca

Tortuga laúd

Reptiles rápidos

El premio al reptil más rápido es para la tortuga laúd. Esta gran nadadora puede aguantar cinco horas en movimiento y alcanzar velocidades de 35 km/h.

Marlín negro

Fast and furious

El marlín negro es, oficialmente, la criatura más rápida del océano. Su velocidad máxima es de 130 km/h, superior a la de un coche por la autopista y mucho más expeditivo que un guepardo, el animal más rápido en tierra firme.

Pez vela

Velocidad y resistencia

Con esta aleta parecida a una vela y gracias a su cola veloz, el pez vela puede alcanzar una velocidad de 110 km/h. Aunque no puede competir con la velocidad punta del marlín negro, su velocidad de nado media es muy superior.

El marlín negro podría nadar una piscina olímpica en un segundo, ¡20 veces más deprisa que los ganadores de las medallas de oro!

A paso lento

Para algunos residentes del océano, no hay necesidad de ir tan deprisa. Prefieren dejarse llevar por las corrientes o arrastrarse por el fondo del mar, a ritmo de caracol.

Caballito de mar enano

Mientras que algunas criaturas marinas pasan zumbando, este minúsculo pez se lo toma con calma. Viajando a solo 1,5 m/h, el caballito de mar enano se ha descrito, oficialmente, como el pez más lento del mundo.

Estrella de mar y esponja de mar

Algunas de las criaturas marinas más pequeñas también son las más lentas. Como las estrellas de mar, que se desplazan a 0,3 m/min, pero las esponjas las superan: ¡avanzan 1 mm al día!

Armas mortíferas

Los océanos son el coto de caza de los depredadores, que usan su potente veneno, dientes afilados o inmensas mandíbulas para cazar a sus presas. Por suerte, hay muy pocos que representen una amenaza real para los seres humanos.

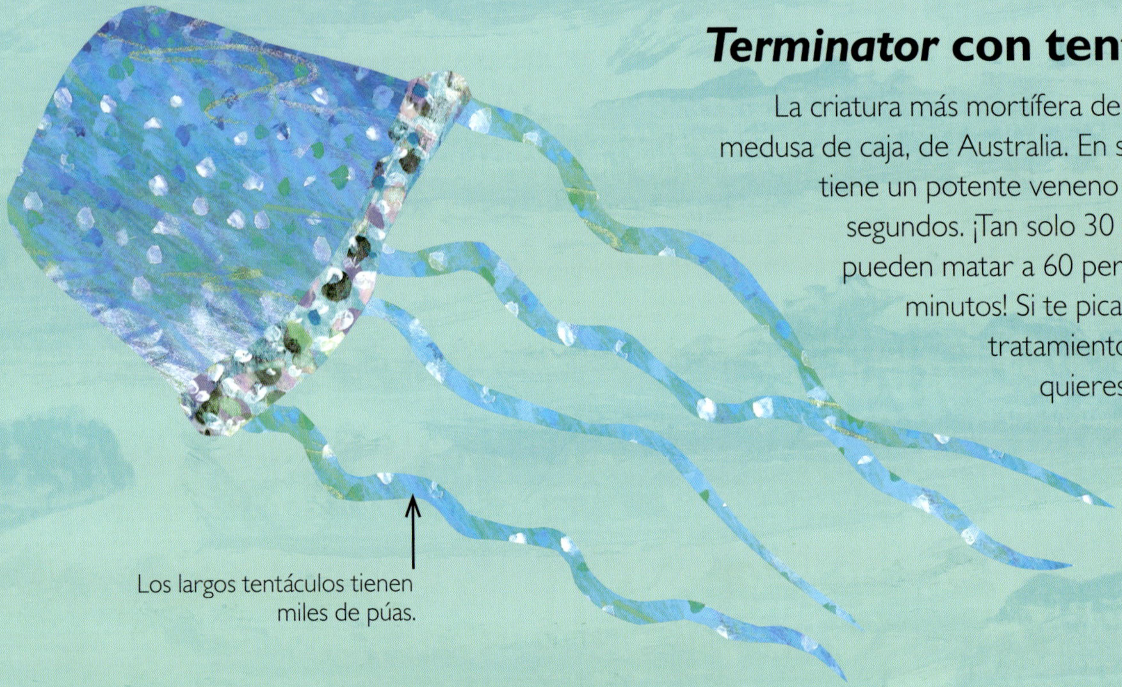

Terminator con tentáculos

La criatura más mortífera del planeta es la medusa de caja, de Australia. En sus tentáculos tiene un potente veneno que actúa en segundos. ¡Tan solo 30 gr de veneno pueden matar a 60 personas en tres minutos! Si te pica, necesitas un tratamiento inmediato si quieres tener alguna oportunidad de sobrevivir.

Los largos tentáculos tienen miles de púas.

Monísimo... pero peligroso

Puede resultar difícil distinguir a algunas de estas criaturas mortales porque son muy pequeñas y muy hábiles escondiéndose.

Pulpo de anillos azules

A pesar de no medir más de 5 cm de largo y de estar recubierto de anillos azules, este pulpo precioso podría matar a una persona en un segundo. De hecho, ¡contiene tanto veneno en la saliva como para matar a 26 personas!

Mala reputación

Mucha gente cree que los tiburones son la mayor amenaza de un océano, pero, en realidad, los tiburones no cazan a personas y las atacan en raras ocasiones. Si te ataca un tiburón, normalmente será porque lo despistas salpicando agua o porque ¡te confunde con una foca!

El cocodrilo de agua salada es la criatura viva con la mordida más potente.

Más de 68 colmillos afilados

El más salvaje

El segundo en la categoría de «animal más peligroso» es el cocodrilo de agua salada. Muy agresivos y territoriales, se lanzan de golpe desde aguas poco profundas sobre una presa con una precisión quirúrgica.

Conus aemulus

Este caracol de mar, con dibujos geométricos, ataca lanzando un misil cargado de veneno desde debajo de su cáscara para destrozar a sus presas. Con una gota de este veneno altamente tóxico basta para matar a 20 personas.

Pez piedra

El pez más venenoso del mundo ataca a las presas que pasan por su lado inyectándoles un veneno tóxico. Por suerte, ¡el pez piedra no se cruza con demasiadas personas por el fondo del mar!

Nuevo crecimiento

Imagínate que te haces daño en un brazo o en una pierna y ¡al instante te salen otros para sustituirlos! Algunas criaturas marinas pueden lograrlo, una y otra vez.

¡La mayoría de las estrellas de mar cuentan con cinco brazos, pero algunas tienen 50!

Brazos impresionantes

A pesar de no tener corazón ni cerebro, ¡una estrella de mar tiene superpoderes! Si un pez ataca a una estrella de mar y la agarra por un brazo, la estrella de mar puede desprenderse de la extremidad para escaparse. Al cabo de poco, empezará a salirle un nuevo brazo.

Cuerpo recién estrenado

Una estrella de mar puede generar un cuerpo totalmente nuevo a partir de un brazo. Al final de un brazo escindido, crecen otros nuevos. Poco a poco, se va convirtiendo en una estrella de mar plena, idéntica a la propietaria original del brazo.

Como nuevo

Como las estrellas de mar, un pulpo puede volver a crecer a partir de sus brazos. Si les amputan o les hacen daño en un brazo, paulatinamente les crece uno nuevo en su lugar. El sustituto es una copia perfecta del brazo anterior, y ¡como nuevo!

A este pulpo común le está creciendo un brazo nuevo.

De cabeza

Algunas babosas de mar llevan la regeneración un paso más allá. Pueden perder la cabeza y, aun así, sobrevivir. Cuando quedan heridas, pueden desengancharse la cabeza y generar un cuerpo completamente nuevo en tan solo dos semanas.

La *Elysia marginata* es uno de los tipos de babosa de mar que puede generar un corazón y un cuerpo nuevos.

Cambio total

Algunos miembros de la familia de las salamandras son los únicos vertebrados (animales con columna vertebral) que pueden volver a generar todas las partes del cuerpo. Además de las extremidades y la cola, también les pueden crecer nuevos cerebros, corazones o pulmones.

El ajolote o salamandra mejicana puede generar nuevas partes de su cuerpo si lo necesita.

Maravillas subacuáticas

Desde antiguas ciudades perdidas hasta museos ultramodernos, hoteles y restaurantes: existe un mundo asombroso debajo del agua. Sumérgete para descubrirlo con tus propios ojos…

Atracciones oceánicas

En el pasado, las ciudades antiguas se hundían accidentalmente por culpa de desastres naturales, como terremotos. Pero las atracciones subacuáticas actuales han sido diseñadas especialmente para recibir visitantes bajo las olas.

Museo marino

El museo subacuático más grande del mundo está en Cancún, en México. Esta galería de arte exhibe más de 500 esculturas fijas en el fondo del mar, a 8 m por debajo de la superficie.

Cena en las profundidades

El Under, en Noruega, es el mayor restaurante subacuático del mundo. Cuenta con unos ventanales enormes, del techo al suelo, desde donde los clientes pueden observar la vida marina mientras disfrutan de la comida.

Ciudad sumergida

En la Antigüedad, la ciudad romana de Bayas era un resort popular al lado del mar. Hoy en día, sus restos residen en aguas poco profundas delante de la costa del sur de Italia. Los visitantes pueden ver sus edificios, estatuas y mosaicos bien preservados desde unos barcos con el suelo de vidrio, o haciendo *snorkel* o submarinismo.

Ojalá estuvieras aquí

La única oficina de correos subacuática del mundo está a 3 m bajo el mar, en Hideaway Island, en Vanuatu. La gente que practica *snorkel* para allí a mandar a casa postales especiales impermeables.

Una gota de lujo

Este spa subacuático en las Maldivas ofrece tratamientos y sesiones de yoga a 8 m de profundidad, en pleno océano Índico. ¡Genial, siempre que no te importe que los peces te espíen mientras estás estirado!

Gran Agujero Azul

En medio del mar del Caribe, este agujero, perfectamente redondo, ¡es un imán acuático para buceadores y observadores de ecosistemas marinos!

Bate todos los récords

El Gran Agujero Azul, frente a la costa de Belice, es el sumidero más grande del mundo, tan grande como para verlo desde el espacio. De 300 m de ancho y 125 m de profundidad, este espectacular sumidero es Patrimonio de la Humanidad.

Cómo se forman los sumideros

Los sumideros oceánicos empiezan como una cueva en la costa. Cuando aumentan los niveles de agua, la cueva va quedando cubierta poco a poco por el agua. Al final, el techo de la cueva acaba derrumbándose y el agua penetra rápidamente en el agujero profundo que se crea.

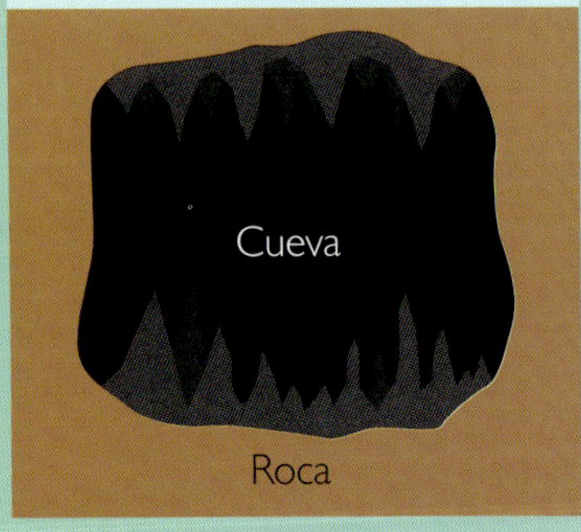

Hace unos 18 000 años, el Gran Agujero Azul era una cueva.

Actualmente, los restos de esta cueva están sumergidos en el mar.

La historia del agujero

El Gran Agujero Azul fue visitado por primera vez en 1971 por el explorador francés Jacques Cousteau, con su barco Calypso. Cuando su tripulación y él se sumergieron en el agujero, vieron estalagmitas y estalactitas. Pueden formarse bajo el mar, lo que demuestra que el sumidero en su día fue una cueva en tierra.

Llegar al fondo

En 2018 dos científicos llegaron al fondo del agujero. En su camino descendiente, el camino estaba lleno de coral, tortugas y tiburones. Pero en la parte más profunda encontraron un páramo de caliza. Lo único que hallaron allí fueron conchas y huesos, ¡y una botella de plástico!

Supersumideros

Aparte del Gran Agujero Azul, existen otros sumideros oceánicos increíbles repartidos por todo el mundo.

Sumideros del mar Muerto

En los últimos años, han aparecido más de 1000 sumideros en la costa del mar Muerto, en Israel. Estos hoyos tienen edificios y carreteras en la orilla.

Agujero azul de Dahab

Este agujero del mar Rojo, en Egipto, tiene una profundidad de más de 120 m. En él encontramos el Arco, una especie de túnel de 26 m, que es popular por ser extremadamente peligroso para los submarinistas que nadan a través de él.

Gran Barrera de Coral

¡Bienvenidos al mayor ecosistema del mundo! La Gran Barrera de Coral es el arrecife más grande del planeta, e incluso es visible desde el espacio.

Mantarraya

Batiendo todos los récords

La Gran Barrera de Coral empezó a formarse hace unos 9000 años y actualmente ocupa una superficie de 344 400 km^2: el tamaño de Italia. Recibe este nombre porque, literalmente, es una barrera entre Australia y el mar del Coral.

Construcción de la barrera

Los pólipos de coral son unos animales minúsculos de la familia de las medusas. Millones de esqueletos de estos pólipos se han ido acumulando en este lugar a lo largo de los siglos hasta formar esta maravilla natural. Existen 600 tipos diferentes de coral y en 2017 se descubrió un nuevo tipo de coral.

Pez león

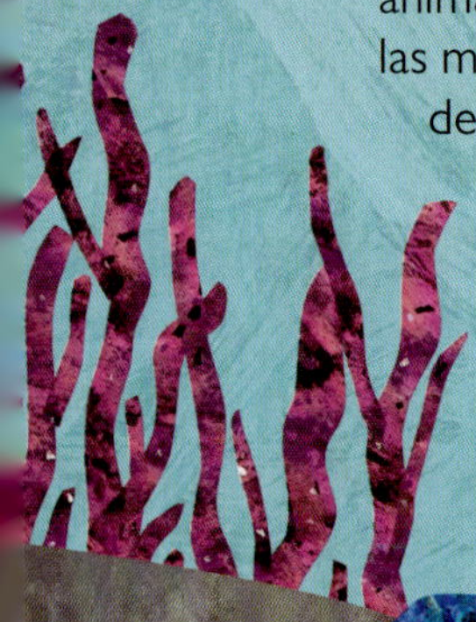

Esponja de tubo

Soldado

Almeja gigante

¡Se mira, pero no se toca!

La Gran Barrera de Coral es uno de los hábitats más valiosos de la Tierra, pero de los más vulnerables. Para proteger el arrecife de cara al futuro, hay normas estrictas sobre por dónde pueden bucear los visitantes, pescar, hacer fotos y amarrar las barcas.

Un hábitat con mucha vida

Además de corales, el arrecife también está formado de arena, mar, hierba y mangles. Esta rica combinación de hábitats atrae a una inmensa variedad de criaturas, entre ellas 4000 tipos de moluscos, 1500 tipos de peces y 30 tipos de ballenas y delfines.

¡Islas repentinas!

En medio del azul, apareció una nueva isla de la noche a la mañana en el océano Pacífico. Apareció por arte de magia, ¿pero de dónde salió exactamente?

Observación especial

En 2022 se avistó una isla nueva en Tonga, en el suroeste del océano Pacífico. Tonga está formada por más de 170 islas, así que esta solo fue una más que se añadió a la lista.

La formación de la isla fue fotografiada por un satélite desde el espacio.

Ubicación remota

Tonga se encuentra a 2400 km al norte de Nueva Zelanda. La nueva isla, llamada Home Reef, apareció unos 245 km más al sur de la mayor isla de Tonga: Tongatapu.

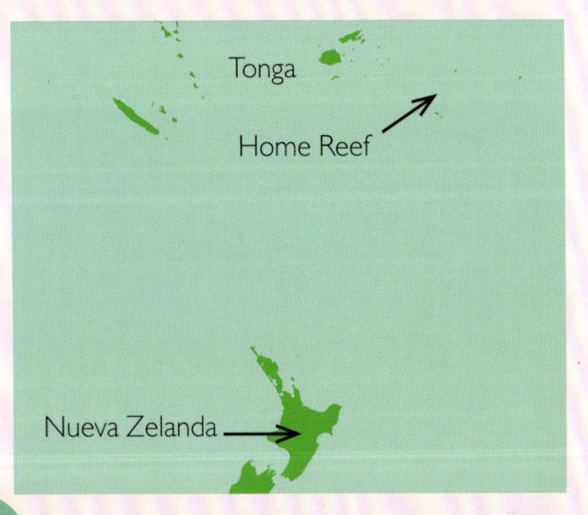

¡El suelo del océano entre Tonga y Nueva Zelanda es el lugar del planeta con más volcanes subacuáticos!

Erupción subacuática

Justo antes de que apareciera la isla, un volcán llamado Home Reef Seamount entró en erupción. Una combinación de rocas ardientes, lava líquida y cenizas calientes se derramaron por el agua. Horas más tarde apareció la nueva isla, unos 10 m por encima de las olas.

En vías de desaparición

No se puede explorar la isla Home Reef a pie: no es más que una fina capa de ceniza y de vapor sobre la superficie del océano. Las olas y las corrientes van chocando contra ella... hasta que un día, ¡pum!, desaparecerá hasta la próxima erupción. Home Reef es un ejemplo de lo que los científicos denominan isla volcánica efímera.

Desfile temporal

Home Reef no es la única isla nueva que ha surgido de la nada. Aquí te presentamos dos islas alucinantes más que han aparecido como por arte de magia en los últimos años.

Maravilla natural

Surtsey, una isla islandesa, se creó a partir de erupciones volcánicas en la década de 1960. No tardaron en llegar hasta allí semillas a través de corrientes oceánicas y las plantas empezaron a crecer. Muchas especies de aves se han instalado allí.

Una isla efímera

Shelly Island se formó en 2017, después de unas tormentas que tuvieron lugar frente a la costa estadounidense. Shelly se hizo popular entre los turistas, pero tan solo un año después otras tormentas azotaron la isla, que volvió a desaparecer.

¿Dónde vive cada uno?

¡Fíjate en todos estos peces que se han escapado del agua! Ayúdalos a volver a su hogar. ¿Puedes unir cada uno de estos peces con su hábitat acuático?

1. Pez payaso

4. Pez volador

2. Salmón joven del Atlántico

5. Pez del fango

3. Rape

6. *Liopsetta glacialis*

Respuestas: 1-B, los peces tropicales de colores vivos se camuflan entre los corales multicolor; **2-D**, el salmón joven del Atlántico vive en ríos de agua dulce hasta que es lo bastante mayor como para nadar en el mar; **3-F**, los rapes emiten su propia luz para atraer a las presas en las profundidades oscuras; **4-A**, el pez volador usa sus aletas como si volara por encima del océano; **5-E**, el pez del fango sale de su escondite para arrastrarse por el barro; **6-C**, el fletán negro del Ártico vive en los fondos fangosos de los mares costeros del Ártico.

Cuestionario sobre los océanos

Después de leer este libro y explorar los océanos, seguro que ahora eres capaz de responder estas preguntas. ¡Buena suerte!

1. ¿Qué cubre el 70 % de la superficie de la Tierra?

a) Tierra
b) Agua
c) Volcanes
d) Plástico

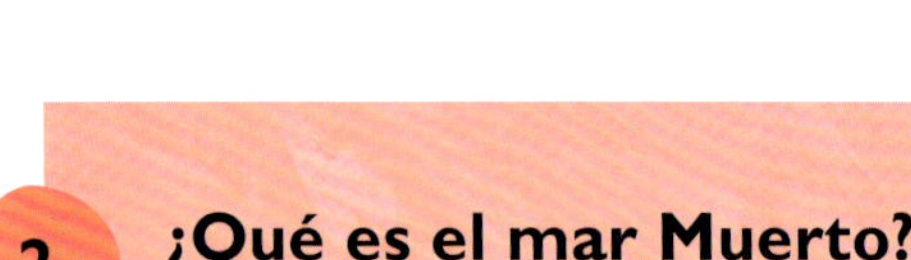

2. ¿Qué es el mar Muerto?

a) Un lago salado
b) Un mar salado
c) Una parte de la Gran Barrera de Coral
d) Un mar que envejeció mucho y murió

3. ¿Qué causa las mareas?

a) Fuertes vientos
b) El Sol
c) La Luna
d) Unas langostas muy fuertes

4. ¿Dónde viven estos dragones reales?

a) Indonesia
b) Australia
c) Mazmorras
d) China

5. **¿Qué usan los peces para respirar debajo del agua?**

a) Pulmones
b) Branquias
c) Bombona de oxígeno
d) No necesitan respirar

6. **¿Cuál es la criatura más venenosa del océano?**

a) Cocodrilo de agua salada
b) Medusa de caja
c) Anguila pantera
d) Calamar gigante

7. **¿Cuál es el tiburón más grande que se conoce?**

a) Tiburón blanco
b) Gran tiburón blanco
c) Nanotiburón
d) Megalodón

8. **¿Con qué confundió Cristóbal Colón a una sirena?**

a) Una medusa
b) Un tiburón martillo
c) Una estatua
d) Un manatí

9. **De entre estos animales, ¿cuál es un superdepredador?**

a) Salmón
b) Caracol de mar
c) Orca
d) Krill

10. **¿Qué animal puede generar todo un cuerpo nuevo a partir de su brazo?**

a) Estrella de mar
b) Nutria de mar
c) León marino
d) Babosa de mar

Respuestas: 1-b; 2-a; 3-c; 4-a; 5-b; 6-b; 7-d; 8-d; 9-c; 10-a

Glosario

Aerodinámico -a
Una forma corporal lisa que ayuda a un animal a moverse fácilmente por el agua o por el aire.

Algas
Organismos unicelulares que obtienen su energía de la luz solar, en un proceso llamado fotosíntesis.

Antibióticos
Medicamentos que se dan a las personas o a los animales para combatir infecciones bacterianas.

Bacterias
Organismos microscópicos, unicelulares, muy simples, que existen casi por todas partes.

Batiscafo
Una pequeña embarcación de estudio, que no suele llevar tripulación y que se controla a distancia desde un barco que está en la superficie.

Bioluminiscencia
Luz natural que producen algunas criaturas con su propio cuerpo.

Branquias
Dos pequeños cortes que tienen los peces a ambos lados del cuerpo para poder respirar debajo del agua.

Cambio climático
Las formas en las que las acciones de los seres humanos han provocado cambios en la temperatura de la Tierra y en los patrones climáticos.

Camuflaje
El color o patrón de la piel, el pelo o las escamas de un animal pueden servirle para esconderse en su hábitat natural.

Colonia
Un grupo formado por el mismo tipo de animales, que viven juntos.

Combustibles fósiles
Tipos de combustibles, entre ellos carbón, petróleo y gas natural, que se encuentran de forma natural. Existe una cantidad limitada y algún día se terminarán.

Consumidor -a
Un animal que no puede conseguir su propia comida y por eso se come a los productores en la cadena trófica.

Depredador
Un animal que sobrevive cazando otros animales para comérselos.

Ecologista
Una persona que trabaja para proteger el entorno natural y preservar hábitats y la vida salvaje.

Evaporación
El proceso mediante el cual el agua pasa de líquida a gas, llamado vapor de agua.

Exoesqueleto
Un esqueleto duro sobre la parte externa de un cuerpo invertebrado.

Extinción
Cuando todos los animales de un cierto tipo mueren y no queda ninguno en la Tierra.

Extracción
Diferentes formas, incluyendo la explotación minera, de obtener combustibles fósiles de debajo del fondo del océano.

Fósiles
Restos de seres vivos que se han conservado a lo largo de millones de años, en capas de roca.

Hábitat
El entorno natural donde vive un animal.

Invertebrado
Animal sin columna vertebral.

Migración
Un viaje regular que algunos animales realizan en busca de comida, reproducirse o climas más templados.

Molusco
Un invertebrado con el cuerpo blando que suele estar protegido con una concha.

Navegación
Encontrar la mejor ruta para que viajen los barcos y otros tipos de transporte.

Nutrientes
Sustancias esenciales, absorbidas de la comida, que permiten que los animales crezcan, produzcan energía y se mantengan sanos.

Organismo
Cualquier criatura viva, como un animal, planta, hongo o virus.

Placas tectónicas
Bloques enormes de la corteza de la Tierra que están bajo tierra (corteza continental) o bajo el mar (corteza oceánica).

Plancton
Organismos minúsculos que van a la deriva o flotan en el agua y que representan una fuente de alimentación vital para la vida marina.

Presa
Un animal que es cazado como alimento por otro animal. Un mismo animal puede ser tanto depredador como presa.

Productor -a
Una planta en la cadena trófica que produce su propia comida usando la energía del sol.

Regeneración
El proceso natural por el cual las plantas y los animales pueden volver a generar partes dañadas del cuerpo.

Renovable
Energía de fuentes naturales que siempre están disponibles y que no se agotarán nunca. La energía renovable puede proceder del sol, del viento o de las olas del océano.

Sonar
Un sistema que usa las ondas sonoras para saber con exactitud la ubicación de un animal u objeto subacuáticos.

Sumidero
Un hueco que queda en la tierra después de que se produzca un hundimiento en la superficie de la Tierra.

Territorial
Capaz de conservar un área o hábitat específicos para protegerlos y evitar que entren rivales o intrusos.

Venenoso -a
Un animal que produce veneno para protegerse a sí mismo o atraer a sus presas.

Vertebrado
Un animal con columna vertebral y esqueleto dentro del cuerpo.

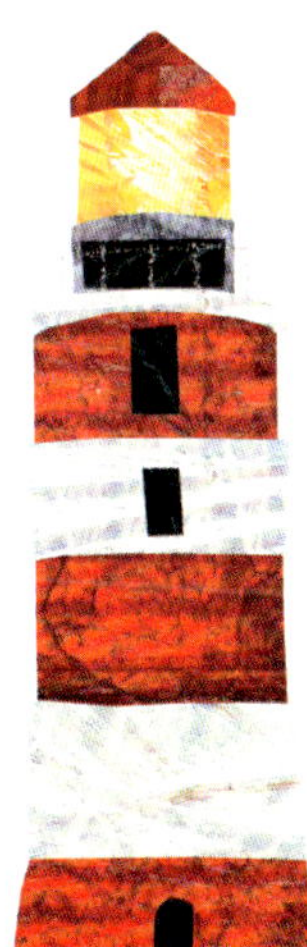

Índice

Índice

Qq, Rr

Ss

Tt

Uu, Vv

Ww

Xx, Yy, Zz

El mundo de Eric Carle alimenta el amor de los más pequeños por leer y aprender, generando un mundo divertido y exploratorio imaginativo. Respaldada por familias, maestras y bibliotecarias, y adorada por todos los niños y niñas del mundo generación tras generación, *La pequeña oruga glotona*, y otros cuentos eternos, cobra vida en unos libros y productos creativos llenos de color, diseñados para inspirar a las mentes más curiosas. Eric Carle es un autor famoso y querido, el creador de unos álbumes ilustrados infantiles con unos dibujos maravillosos y un diseño innovador. Carle ilustró más de 700 libros, muchos de ellos auténticos superventas, la mayoría de los cuales también escribió, de los que se han vendido más de 170 millones de ejemplares en todo el mundo. *La pequeña oruga glotona. Mi primera enciclopedia del océano* introduce a los más jóvenes en el mundo de los océanos: el entorno más grande y menos explorado de la Tierra.

Agradecimientos

DK querría agradecer a Rituraj Singh, Manpreet Kaur y Samrajkumar S la ayuda en la búsqueda de imágenes; a Polly Goodman, la corrección de pruebas, y a Helen Peters, la creación del índice.

La editorial también quiere agradecer a las entidades siguientes el permiso para reproducir sus fotografías:

(Leyenda: a: arriba; b: bajo/debajo: c: centro; d: derecha; e: extremo; i: izquierda; s: superior)

1 Alamy Stock Photo: Scenics & Science (cb). **Depositphotos Inc:** gdolgikh (sd). **Dreamstime.com:** Eric Isselee (bc). **Getty Images / iStock:** MariusLtu (si). **9 Getty Images / iStock:** E+ / KenanOlgun (cda). **10 Alamy Stock Photo:** DPK-Photo (cda); Ron Niebrugge (bi). **Dreamstime.com:** Skandaramana Suryanarayana (cia). **11 Alamy Stock Photo:** Lorenklein / Stockimo (cda). **Dreamstime.com:** Warangkana Charuyodhin (sd); Mangroove (cia). **12 Dreamstime.com:** Frizzantine (cib). **15 Dreamstime.com:** Adeliepenguin (cda); Nialldunne24 (ci); Shane Myers (cdb); Izanbar (bd). **16 Alamy Stock Photo:** Universal Images Group North America LLC / Planet Observer (cda). **17 Alamy Stock Photo:** Blue Planet Archive (bd). **Dreamstime.com:** Harry Collins (cdb); Denis Moskvinov (cb); Wiltding (cda). **18 Alamy Stock Photo:** Dennis Cox (cda). **Getty Images / iStock:** RichardALock (cdb). **19 Dreamstime.com:** Seadam (bd). **Getty Images / iStock:** Cdascher (cdb); Cinoby (cda). **20 Getty Images:** Stone / Mike Hill (sd). **21 Alamy Stock Photo:** WaterFrame_fba (bd). **Dreamstime.com:** Jeremy Richards (cda); Wedekiba (cdb). **Getty Images / iStock:** Goddard_Photography (sc). **22 Getty Images / iStock:** Glenn Pettersen (cda). **23 Alamy Stock Photo:** Andrey Nekrasov (cdb); David Robertson (sc). **Dreamstime.com:** Outdoorsman (bd). **Getty Images / iStock:** E+ / KenCanning (cda). **24 Getty Images / iStock:** E+ / lubilub (bc). **25 Alamy Stock Photo:** Michael David Murphy (bi). **Shutterstock.com:** pimpisan02 (bc). **27 Dreamstime.com:** Jdphotos1 (cda). **28 Dreamstime.com:** Grecu Mihail Alin (cib); Pavel Svoboda (ci); Montypeter (bi). **29 Alamy Stock Photo:** Evgeny Haritonov (sd). **30 Dreamstime.com:** Lavizzara (bi). **31 Alamy Stock Photo:** Rod Haestier (cib); Imaginechina Limited (cd). **Dreamstime.com:** Andreyi Armiagov (si). **32 Getty Images / iStock:** Lucentius (sc). **33 Alamy Stock Photo:** Nature Picture Library / Constantinos Petrinos (sc). **Getty Images / iStock:** Yaroslav Martseniyk (cd). **35 Getty Images / iStock:** E+ / Hadynyah (bi); Marcocalandra89 (bc). **36 Alamy Stock Photo:** Nature Picture Library / Todd Pusser (sc). **37 Alamy Stock Photo:** Blue Planet Archive (bi). **38 Getty Images / iStock:** Juan Carlos fotografia (bd); Honster (bc). **39 123RF.com:** Nilanjan Bhattacharya (bc). **Getty Images / iStock:** Blackbeck (bi). **40 Dreamstime.com:** Iakov Kalinin (si). **40-41 with thanks to Nakheel in Dubai for imagery of Palm Jumeirah:** (bc). **Getty Images / iStock:** Ruben Ramos (sc). **41 Dreamstime.com:** Eleaner / Marcin Ciesielski / Sylwia Cisek (cda). **Getty Images / iStock:** Andreygudkov (cd); E+ / Eloi_Omella (c); KirstyCecilia (bd). **42 Alamy Stock Photo:** imageBROKER.com GmbH & Co. KG / Rolf von Riedmatten (cia). **Dreamstime.com:** Edward Westmacott (cda). **43 Alamy Stock Photo:** agefotostock / Picture Partners (sc). **Getty Images / iStock:** MariusLtu (cda). **44 Depositphotos Inc:** PantherMediaSeller (ci). **Dreamstime.com:** Planetfelicity (sd). **45 Dreamstime.com:** Mr. Suchat Tepruang (cdb). **Getty Images / iStock:** E+ / NNehring (cda); ScottOrr (ci). **Science Photo Library:** Natural History Museum, Londres (c). **46-47 Alamy Stock Photo:** Friedrich Saurer (s). **Depositphotos Inc:** PhotosVac (b). **Dreamstime.com:** Mark Turner (c). **47 Science Photo Library:** Natural History Museum, Londres (cd). **49 Alamy Stock Photo:** Blickwinkel / Hartl (bi); Nature Picture Library / Sue Daly (sd). **Dreamstime.com:** Krzysztof Odziomek (cd). **Getty Images / iStock:** Allianoi (ci); Lunamarina (sc). **50 Alamy Stock Photo:** John Cancalosi (c); Nature Picture Library / Franco Banfi (bc). **51 Avalon:** Paulo de Oliveira (bi). **Dreamstime.com:** Goldghost (sc). **Science Photo Library:** Dante Fenolio (bd). **53 Getty Images:** Getty Images News (bd). **54 Alamy Stock Photo:** Nature Picture Library / Alex Mustard (c). **Getty Images / iStock:** Bluexhand (cb). **55 BluePlanetArchive.com:** Rudie Kuiter (cib). **Getty Images / iStock:** LydiaCole (cb). **56 Alamy Stock Photo:** Nature Picture Library / Escocia: The Big Picture (cib). **Dreamstime.com:** Nunataki (bd). **57 Alamy Stock Photo:** blickwinkel / F. Hecker (bi); Roberto Nistri (cdb). **Dreamstime.com:** Wirestock (cd). **Getty Images:** Jason Edwards (bd). **58 Dreamstime.com:** Irko Van Der Heide (cdb). **82 Alamy Stock Photo:** agefotostock / Picture Partners (cia); Imagebroker / Arco / G. Lacz (cib). **83 Dreamstime.com:** Alexander Ogurtsov (c); Seadam (ci); Slowmotiongli (cd). **84 Dreamstime.com:** Alexey Masliy (cd). **naturepl.com:** Magnus Lundgren (bc). **84-85 Alamy Stock Photo:** Lee Dalton (bc). **85 Science Photo Library:** Dante Fenolio (bc). **86 Alamy Stock Photo:** J. T. Lewis (bd); Poelzer Wolfgang (c). **87 Alamy Stock Photo:** mauritius images GmbH / Sebastian Frlich (bc); Adisha Pramod (bi); Chris McLennan (bd). **Getty Images / iStock:** Antagain (sd). **88 Dreamstime.com:** Andamanse (cdb); Vitalii Kalutskyi (sd); John Anderson (cib). **89 Alamy Stock Photo:** imageBROKER.com GmbH & Co. KG / Andrey Nekrasov (si). **Dreamstime.com:** Nick Everett (cib). **90 Alamy Stock Photo:** Blue Planet Archive RHE (cda). **Dorling Kindersley:** Weymouth Sea Life Centre / Frank Greenaway (bd). **Fotolia:** Karl Bolf (bc). **91 123RF.com:** Tony4urban / Tudor Antonel Adrian (cdb). **Ardea:** Steve Downer (bc). **92 Alamy Stock Photo:** Stocktrek Images, Inc. / Terry Moore (c). **naturepl.com:** David Hall (cd). **Science Photo Library:** Alexander Semenov (ci). **93 Alamy Stock Photo:** Minden Pictures / Fred Bavendam (c). **naturepl.com:** Georgette Douwma (ci). **Shutterstock.com:** Kaschibo (cd). **95 Alamy Stock Photo:** Guillen Photo LLC / Amar e Isabelle Guillen (ca); Minden Pictures / Ron Offermans / Buiten-beeld (bd). **Dreamstime.com:** Ericsch (cia). **96 Alamy Stock Photo:** imageBROKER / Steve Trewhella (cib). **Dreamstime.com:** EMFA16 (cdb). **naturepl.com:** David Shale (cb). **97 Alamy Stock Photo:** Nature Photographers Ltd / Steve Trewhella (cb); SeaTops (cdb). **Dreamstime.com:** Francesco Pacienza (cib). **99 Alamy Stock Photo:** Doug Perrine (cdb). **Getty Images / iStock:** E+ / Rawlinson_Photography (cd); LFPuntel (cda); foryouinf (cb). **100 Getty Images / iStock:** Backyard-Photography (cd). **100-101 Alamy Stock Photo:** Nature Picture Library / Escocia: The Big Picture (cb). **Getty Images / iStock:** BrianLasenby (sc). **101 Getty Images / iStock:** Saturated (cb). **102 Alamy Stock Photo:** Nature Picture Library / Jane Burton (cda). **103 Alamy Stock Photo:** Mark Conlin (cia); Nature Picture Library / Alex Mustard (sd).

105 Alamy Stock Photo: Patrick J. Endres (cd). **Dreamstime.com:** Javarman (cdb). **Getty Images / iStock:** E+ / Steven_Kriemadis (ca); E+ / Mlharing (cda). **107 Dreamstime.com:** Kateryna Kon (sd, si). **Getty Images / iStock:** E+ / NNehring (cb). **Science Photo Library:** Dennis Kunkel Microscopy (sc); Jannicke Wiik-Nielsen (cdb). **Shutterstock.com:** Nobeastsofierce (cib). **108-109 Alamy Stock Photo:** Nature Picture Library / Jurgen Freund (bc). **Getty Images / iStock:** Mlharing (c); Sinhyu (sc). **109 Alamy Stock Photo:** Associated Press / Sam McNeil (sd). **110 Alamy Stock Photo:** Scenics & Science (ca). **111 Alamy Stock Photo:** Nature Picture Library / David Shale (sd). **112 Alamy Stock Photo:** Minden Pictures / Norbert Wu (ca); Paulette Sinclair (sc); Nature Picture Library / David Shale (c); Nature Picture Library / David Shale (cb). **Science Photo Library:** British Antarctic Survey (bc). **114 Dreamstime.com:** Brian Kushner (sd). **115 Alamy Stock Photo:** Scenics & Science (bc). **116 Alamy Stock Photo:** Nature Picture Library / David Shale (cdb). **117 Science Photo Library:** Dante Fenolio (sd). **118 Alamy Stock Photo:** Solvin Zankl (bi). **119 Alamy Stock Photo:** Minden Pictures / Norbert Wu (cda); Doug Perrine (si). **121 Alamy Stock Photo:** Nature Picture Library / David Shale (si). **Science Photo Library:** Dante Fenolio (cb). **122 naturepl. com:** Tui De Roy (cib). **123 Alamy Stock Photo:** Auscape International Pty Ltd / Jean-Paul Ferrero (bd); Nature Picture Library / Franco Banfi (cs). **Getty Images / iStock:** Zanskar (sd). **124 Alamy Stock Photo:** Douglas Stetner (cia). **125 Getty Images / iStock:** LaSalle-Photo (si). **Science Photo Library:** Andrew J. Martinez (sc). **127 Dreamstime.com:** Francisco Blanco (sd); Phillip Lowe (bd). **Getty Images / iStock:** Wirestock (cd). **128 Alamy Stock Photo:** Nature Picture Library / Alex Mustard (cib). **129 Alamy Stock Photo:** Robertharding / Michael Nolan (cdb). **Getty Images / iStock:** Wildnerdpix (cda). **130 Alamy Stock Photo:** John Holmes (cib). **131 Alamy Stock Photo:** Blickwinkel / Pattyn (si); Geogphotos (sd). **132 Alamy Stock Photo:** Clarence Holmes Wildlife (bc). **Getty Images / iStock:** Ken Wiedemann (cib). **133 Dreamstime.com:** Paul Reeves (bc); Christian Wei (sd). **Getty Images / iStock:** Ian_Redding (sc); Ken Wiedemann (si). **134-135 Alamy Stock Photo:** Nature Picture Library / Francis Abbott (bc). **135 Dreamstime.com:** Ethan Daniels (bc). **137 Getty Images / iStock:** E+ / Mlenny (sc); WhitcombeRD (ca). **Getty Images:** Andrea Pistolesi (cb). **Shutterstock. com:** Ian Harwood (bc). **138 Dreamstime.com:** Jeremy Brown (sd). **Getty Images / iStock:** Spiderment (cdb). **139 Alamy Stock Photo:** agefotostock / Marevision (cib). **Dreamstime.com:** Yann Poirier (cdb). **140 Dreamstime.com:** Mauro Rodrigues (sc). **143 Dreamstime.com:** Mauro Rodrigues (cda). **Getty Images:** Science & Society Picture Library (ca). **145 Alamy Stock Photo:** Tim Graham (bc); David Olsen (cda); Keith Taylor (cdb). **147 Alamy Stock Photo:** Christopher Vernon-Parry (bd); funkyfood London - Paul Williams (cda); GM Photo Images (bc). **149 Alamy Stock Photo:** McPhoto / Ingo Schulz (bd). **151 Alamy Stock Photo:** Michael Greenfelder (cda); The Natural History Museum (bd). **153 Alamy Stock Photo:** IanDagnall Computing (sd); Science History Images / Photo Researchers (sc). **Dreamstime.com:** Hugoht (cd). **Getty Images:** Hulton Archive / Culture Club (di). **155 Alamy Stock Photo:** AJ Pics (si); ZUMA Press, Inc. (sd). **Dreamstime.com:** Boumenjapet (cib); Stanislav Komogorov (cdb). **157 Getty Images:** De Agostini Picture Library (si). **Getty Images / iStock:** Christian Peters (bc). **159 Alamy Stock Photo:** Classic Image (cib); Sherab (sd). **Dreamstime.com:** Daniel M. Cisilino (cdb). **Getty Images / iStock:** OlegAlbinsky (cb). **161 Dreamstime.com:** Dbajurin (cd); Mr. Siwabud Veerapaisarn (cda); Mr. Siwabud Veerapaisarn (bd). **Getty Images:** Maxar / DigitalGlobe / ScapeWare3d (bc). **162 Science Photo Library:** Stan Wayman (cdb). **163 Ardea:** Paulo Di Oliviera (sc). **164 Alamy Stock Photo:** The Photolibrary Wales / Robin Goodlad (sd). **165 Alamy Stock Photo:** Andrew Lloyd (cda); Louise Murray (cb). **Dreamstime.com:** Andmorg (cdb). **166 Alamy Stock Photo:** Jane Hallin (cdb). **Getty Images / iStock:** jpceballos (cib). **167 Getty Images / iStock:** E+ / Simonkr (cib); Molchanovdmitry (cdb). **168 Dreamstime.com:** Elizaveta Galitskaya (bc). **Getty Images / iStock:** E+ / Simonkr (cia). **Getty Images:** Gary John Norman (bs). **169 Getty Images / iStock:** Michael Blann (cia). **Getty Images:** Westend61 (sc). **170 Dreamstime.com:** Jose Ramon Pizarro Garcia (cda). **naturepl.com:** Bryan and Cherry Alexander (ca); Jouan & Rius (cia). **171 Getty Images:** MIXA Co. Ltd. (cia). **172-173 Getty Images / iStock:** E+ / Dudits (bc). **173 Alamy Stock Photo:** Nature Picture Library / Nick Hawkins (cd). **Dreamstime.com:** Andrew Allport (cda). **Getty Images / iStock:** Petesphotography (bd). **174 Alamy Stock Photo:** Scubazoo (bd); Mike Veitch (sd). **175 Alamy Stock Photo:** Guillen Photo LLC / Amar and Isabelle Guillen (cia). **Science Photo Library:** Matthew Oldfield (cb). **176 Alamy Stock Photo:** NPS Photo (cdb). **Depositphotos Inc:** YAYImages (cib). **177 Depositphotos Inc:** Lukassek (cdb). **Dreamstime. com:** Melvinlee (cib). **178 Alamy Stock Photo:** Jonathan Plant (bc); SuperStock / RGB Ventures / Natalie Fobes (ci). **178-179 Dreamstime.com:** Compuinfoto (bc). **179 Depositphotos Inc:** Mrfotos (cda). **Dreamstime.com:** Sebastianknight (bd); Corepics Vof (bc); Zwawol (cd). **180 Alamy Stock Photo:** Eugen Wais (cd). **Getty Images / iStock:** Christoph Burgstedt si). **181 Alamy Stock Photo:** Rosanne Tackaberry (sc). **Dreamstime.com:** Willyambradberry (bc). **182 Alamy Stock Photo:** Sipa US (cda). **183 Dreamstime.com:** Yuri Arcurs (si). **184 Alamy Stock Photo:** Minden Pictures / Pete Oxford (bc). **185 Alamy Stock Photo:** Anthony Pierce (sc). **186 Dreamstime. com:** Labdog (bi); Photovs (cdb). **187 Alamy Stock Photo:** Imaginechina Limited (cdb); Sevrette / Andia (cib). **188 Alamy Stock Photo:** Xinhua (cdb). **Getty Images:** AFP / Fayez Nureldine (cib). **189 Getty Images / iStock:** E+ / Tammy616 (cib). **190 Dorling Kindersley:** Harry Taylor (ci). **191 Alamy Stock Photo:** Neil Bowman (cda). **Dreamstime.com:** Alexander Raths (ci). **193 Alamy Stock Photo:** Douglas Peebles Photography (bi). **194-195 naturepl. com:** David Shale (bc). **195 Alamy Stock Photo:** Associated Press (ci). **Shutterstock.com:** Jacques Dayan (cda). **196 Dorling Kindersley:** Harry Taylor (sd). **197 Alamy Stock Photo:** Sue Clark (sc); GRANGER - Historical Picture Archive (sd). **199 Alamy Stock Photo:** NaturePicsFilms (bc). **201 Alamy Stock Photo:** Minden Pictures / Scott Leslie (cdb); PA Images / Chris Radburn (cb). **202 Getty Images / iStock:** AndamanSE (bc). **202-203 Alamy Stock Photo:** Helmut Corneli (bc). **203 Dreamstime.com:** Ramon Carretero (sc). **Getty Images / iStock:** Wrangel (bc). **204 naturepl.com:** Constantinos Petrinos (bi). **205 Alamy Stock Photo:** imageBROKER.com GmbH & Co. KG / Frank Schneider (sd); Mike Lane (bd). **Dreamstime.com:** Voislav Kolevski (d). **206 Alamy Stock Photo:** Associated Press / Tor Erik Schrøder (cdb); Nature Picture Library / Claudio Contreras (cb). **206-207 Alamy Stock Photo:** Antonio Busiello (ca). **207 Alamy Stock Photo:** Paul Abbitt Rml (cib); Robertharding / Sakis Papadopoulos (cb). **208 Getty Images / iStock:** Alice Ford (cd). **209 Alamy Stock Photo:** Martin Strmiska (cdb); Universal Images Group North America LLC / marka / eps (sc). **Getty Images:** AFP / Menahem Kahana (cda). **210-211 Alamy Stock Photo:** LWM / NASA / LANDSAT (ca). **211 Alamy Stock Photo:** Helmut Corneli (cda). **212 NASA:** (c). **213 Alamy Stock Photo:** Arctic Images / Ragnar Th Sigurdsson (cda). **NASA. 214 Alamy Stock Photo:** Neil Bowman (cda); Andrey Nekrasov (bd). **Dreamstime.com:** Alexander Raths (cib). **215 Dreamstime.com:** Meryll (si). **Getty Images:** Federico Cabello (ca); Moment / 548901005677 (cd); Westend61 (cib). **Getty Images / iStock:** E+ / Apomares (cb); Imagebear (sd) **Imágenes de las cubiertas:** *Delantera:* **Alamy Stock Photo:** Scenics & Science cb; **Depositphotos Inc:** gdolgikh cda; **Dreamstime.com:** Eric Isselee bc; **Getty Images / iStock:** MariusLtu sd; *Contracubierta:* **Alamy Stock Photo:** WaterFrame_fur cb; **Dreamstime.com:** Id1974 / Lgor Dolgov cda